海上絲綢之路基本文獻叢書

五口通商以前我國國際貿易之概況
中外交通小史

侯厚培 著／向達 著

文物出版社

圖書在版編目（CIP）數據

五口通商以前我國國際貿易之概況 / 侯厚培著. 中外交通小史 / 向達著. -- 北京 : 文物出版社, 2022.7
（海上絲綢之路基本文獻叢書）
ISBN 978-7-5010-7631-4

Ⅰ. ①五… ②中… Ⅱ. ①侯… ②向… Ⅲ. ①國際貿易－貿易史－中國－清代②中外關係－交通運輸史 Ⅳ. ①F752.949 ②F512.9

中國版本圖書館 CIP 數據核字（2022）第 092094 號

海上絲綢之路基本文獻叢書

五口通商以前我國國際貿易之概況・中外交通小史

著　　者：侯厚培　向達
策　　劃：盛世博閱（北京）文化有限責任公司

封面設計：鞏榮彪
責任編輯：劉永海
責任印製：王　芳

出版發行：文物出版社
社　　址：北京市東城區東直門内北小街 2 號樓
郵　　編：100007
網　　址：http://www.wenwu.com
經　　銷：新華書店
印　　刷：北京旺都印務有限公司
開　　本：787mm×1092mm　1/16
印　　張：11.125
版　　次：2022 年 7 月第 1 版
印　　次：2022 年 7 月第 1 次印刷
書　　號：ISBN 978-7-5010-7631-4
定　　價：90.00 圓

總緒

海上絲綢之路，一般意義上是指從秦漢至鴉片戰爭前中國與世界進行政治、經濟、文化交流的海上通道，主要分爲經由黄海、東海的海路最終抵達日本列島及朝鮮半島的東海航綫和以徐聞、合浦、廣州、泉州爲起點通往東南亞及印度洋地區的南海航綫。

在中國古代文獻中，最早、最詳細記載『海上絲綢之路』航綫的是東漢班固的《漢書·地理志》，詳細記載了西漢黄門譯長率領應募者入海『齎黄金雜繒而往』之事，書中所出現的地理記載與東南亞地區相關，并與實際的地理狀况基本相符。

東漢後，中國進入魏晋南北朝長達三百多年的分裂割據時期，絲路上的交往也走向低谷。這一時期的絲路交往，以法顯的西行最爲著名。法顯作爲從陸路西行到印度，再由海路回國的第一人，根據親身經歷所寫的《佛國記》（又稱《法顯傳》）一書，詳細介紹了古代中亞和印度、巴基斯坦、斯里蘭卡等地的歷史及風土人情，是瞭解和研究海陸絲綢之路的珍貴歷史資料。

隨着隋唐的統一，中國經濟重心的南移，中國與西方交通以海路爲主，海上絲綢之路進入大發展時期。廣州成爲唐朝最大的海外貿易中心，朝廷設立市舶司，專門管理海外貿易。唐代著名的地理學家賈耽（七三〇～八〇五年）的《皇華四達記》記載了從廣州通往阿拉伯地區的海上交通『廣州通夷道』，詳述了從廣州港出發，經越南、馬來半島、蘇門答臘半島至印度、錫蘭，直至波斯灣沿岸各國的航綫及沿途地區的方位、名稱、島礁、山川、民俗等。譯經大師義净西行求法，將沿途見聞寫成著作《大唐西域求法高僧傳》，詳細記載了海上絲綢之路的發展變化，是我們瞭解絲綢之路不可多得的第一手資料。

宋代的造船技術和航海技術顯著提高，指南針廣泛應用於航海，中國商船的遠航能力大大提升。北宋徐兢的《宣和奉使高麗圖經》詳細記述了船舶製造、海洋地理和往來航綫，是研究宋代海外交通史、中朝友好關係史、中朝經濟文化交流史的重要文獻。南宋趙汝適《諸蕃志》記載，南海有五十三個國家和地區與南宋通商貿易，形成了通往日本、高麗、東南亞、印度、波斯、阿拉伯等地的『海上絲綢之路』。宋代爲了加强商貿往來，於北宋神宗元豐三年（一〇八〇年）頒佈了中國歷史上第一部海洋貿易管理條例《廣州市舶條法》，并稱爲宋代貿易管理的制度範本。

元朝在經濟上採用重商主義政策，鼓勵海外貿易，中國與歐洲的聯繫與交往非常頻繁，其中馬可·波羅、伊本·白圖泰等歐洲旅行家來到中國，留下了大量的旅行記，記録元代海上絲綢之路的盛况。元代的汪大淵兩次出海，撰寫出《島夷志略》一書，記録了二百多個國名和地名，其中不少首次見於中國著録，涉及的地理範圍東至菲律賓群島，西至非洲。這些都反映了元朝時中西經濟文化交流的豐富内容。

明、清政府先後多次實施海禁政策，海上絲綢之路的貿易逐漸衰落。但是從明永樂三年至明宣德八年的二十八年裏，鄭和率船隊七下西洋，先後到達的國家多達三十多個，在進行經貿交流的同時，也極大地促進了中外文化的交流，這些都詳見於《西洋蕃國志》《星槎勝覽》《瀛涯勝覽》等典籍中。

關於海上絲綢之路的文獻記述，除上述官員、學者、求法或傳教高僧以及旅行者的著作外，自《漢書》之後，歷代正史大都列有《地理志》《四夷傳》《西域傳》《外國傳》《蠻夷傳》《屬國傳》等篇章，加上唐宋以來衆多的典制類文獻、地方史志文獻，集中反映了歷代王朝對於周邊部族、政權以及西方世界的認識，都是關於海上絲綢之路的原始史料性文獻。

海上絲綢之路概念的形成，經歷了一個演變的過程。十九世紀七十年代德國地理學家費迪南・馮・李希霍芬（Ferdinad Von Richthofen，一八三三～一九〇五），在其《中國：親身旅行和研究成果》第三卷中首次把輸出中國絲綢的東西陸路稱爲『絲綢之路』。有『歐洲漢學泰斗』之稱的法國漢學家沙畹（Édouard Chavannes，一八六五～一九一八），在其一九〇三年著作的《西突厥史料》中提出『絲路有海陸兩道』，蘊涵了海上絲綢之路最初提法。迄今發現最早正式提出『海上絲綢之路』一詞的是日本考古學家三杉隆敏，他在一九六七年出版《中國瓷器之旅：探索海上的絲綢之路》中首次使用『海上絲綢之路』一詞；一九七九年三杉隆敏又出版了《海上絲綢之路》一書，其立意和出發點局限在東西方之間的陶瓷貿易與交流史。

二十世紀八十年代以來，在海外交通史研究中，『海上絲綢之路』一詞逐漸成爲中外學術界廣泛接受的概念。根據姚楠等人研究，饒宗頤先生是華人中最早提出『海上絲綢之路』的人，他的《海道之絲路與昆侖舶》正式提出『海上絲路』的稱謂。選堂先生評價海上絲綢之路是外交、貿易和文化交流作用的通道。此後，大陸學者馮蔚然在一九七八年編寫的《航運史話》中，使用『海上絲綢之路』一詞，這是迄今學界查到的中國大陸最早使用『海上絲綢之路』的人，更多地限於航海活動領域的考察。一九八〇年北京大學陳炎教授提出『海上絲綢之路』研究，并於一九八一年發表《略論海上絲綢之路》一文。他對海上絲綢之路的理解超越以往，且帶有濃厚的愛國主義思想。陳炎教授之後，從事研究海上絲綢之路的學者越來越多，尤其沿海港口城市向聯合國申請海上絲綢之路非物質文化遺産活動，將海上絲綢之路研究推向新高潮。另外，國家把建設『絲綢之路經濟帶』和『二十一世紀海上絲綢之路』作爲對外發展方針，將這一學術課題提升爲國家願景的高度，使海上絲綢之路形成超越學術進入政經層面的熱潮。

與海上絲綢之路學的萬千氣象相對應，海上絲綢之路文獻的整理工作仍顯滯後，遠遠跟不上突飛猛進的研究進展。二〇一八年厦門大學、中山大學等單位聯合發起『海上絲綢之路文獻集成』專案，尚在醖釀當中。我們不揣淺陋，深入調查，廣泛搜集，將有關海上絲綢之路的原始史料文獻和研究文獻，分爲風俗物産、雜史筆記、海防海事、典章檔案等六個類别，彙編成《海上絲綢之路歷史文化叢書》，於二〇二〇年影印出版。此輯面市以來，深受各大圖書館及相關研究者好評。爲讓更多的讀者親近古籍文獻，我們遴選出前編中的菁華，彙編成《海上絲綢之路基本文獻叢書》，以單行本影印出版，以饗讀者，以期爲讀者展現出一幅幅中外經濟文化交流的精美畫卷，爲海上絲綢之路的研究提供歷史借鑒，爲『二十一世紀海上絲綢之路』倡議構想的實踐做好歷史的詮釋和注脚，從而達到『以史爲鑒』『古爲今用』的目的。

凡例

一、本編注重史料的珍稀性，從《海上絲綢之路歷史文化叢書》中遴選出菁華，擬出版百册單行本。

二、本編所選之文獻，其編纂的年代下限至一九四九年。

三、本編排序無嚴格定式，所選之文獻篇幅以二百餘頁爲宜，以便讀者閱讀使用。

四、本編所選文獻，每種前皆注明版本、著者。

五、本編文獻皆爲影印，原始文本掃描之後經過修復處理，仍存原式，少數文獻由於原始底本欠佳，略有模糊之處，不影響閱讀使用。

六、本編原始底本非一時一地之出版物，原書裝幀、開本多有不同，本書彙編之後，統一爲十六開右翻本。

目録

五口通商以前我國國際貿易之概況

五口通商以前我國國際貿易之概況

侯厚培 著

民國十六年清華學校出版社鉛印本

五口通商以前我國國際貿易之概況

侯 厚 培

見清華學報第四卷第一期

民國一六年六月

北京清華學校出版

五口通商以前我國國際貿易之概況

侯厚培

一　中外通商之起源

中國與外夷通商,自漢初即已有之。張騫使西域時,已發現中國之貨品。[一] 蓋邊境人民,往來交易,其源甚早,互市之制,始於文帝之時。與南粤通關市。[二] 貿易地爲長沙邊境。西南夷之與漢交通者,有夜郎,滇,邛都等國,貿易甚多。北部貿易,以匈奴爲最多。景帝時,與匈奴和親,互通關市。武帝時厚遇通關市者,饒給之。以是商業頗盛。匈奴自單于以下,皆親漢。往來長城下。雖自王恢馬邑誘單于以後,與匈奴絕和親爲患寇邊者,垂數十年,然通商之事,迄未停止也。[三]

西域在匈奴之西,烏孫之南,東西六千餘里,南北千餘里。東則接漢,阸以玉門陽關。(在敦煌西界)西則限以葱嶺。自張騫通西域各國以後,與漢之貿易漸盛。其中之最可注意者,即爲羅馬與中國之直接通商。羅馬即西域之大秦。當紀元以前,即已間接購得中國之貨品,以爲安息所阻,未能來漢。直至桓帝延熹九年,(西曆一六六)羅馬併吞安息以後,其王安敦(羅馬十六代帝馬克阿留)始遣使自日南徼外來漢(其時日南徼內,均屬漢地,)獻象牙犀角瑇瑁,[四] 爲中國與西洋直

一, 漢張騫西域旅行記言如米索博達米亞帕米爾小亞細亞等地方已散見中國之物品

二, 宋史食貨志,互市舶法自'漢初與南粵通關市而互市之制行焉'。

三, 史記匈奴傳'自是之後,匈奴絕和親。往往入盜漢邊,不可勝數。然匈奴貪,尚樂關市。嗜漢財物。漢亦尚關市不絕以中之'。

四, 後漢書西域傳'桓帝延熹九年,大秦王安敦遣使自日南徼外獻象牙犀角瑇瑁;始乃一通焉'。又海國圖志卷二七'大秦即古羅馬,漢晉皆曰大秦,唐曰拂菻,宋仍之,桓帝時通中國。

接交通之起源。大西洋之名,聞於中國,亦濫觴於此。[五] 自是以後,中國與羅馬之通商甚盛,垂三四百餘年。

大秦以後,外夷各國之與漢互市者,東胡則有烏桓鮮卑,西域則有大宛,天竺,以及其他五印度諸國。[六] 而以大宛爲善市賈。中國金銀之流入者,頗多。故其時東胡西域方面貿易之盛,雲中道上,商賈往來者,以千餘計。[七] 而賈胡之來中土者,多隨地居留,深入內地。[八]

隋唐兩代,握中國之貿易權者,爲大食(阿剌伯)與波斯兩國。胡商徧沿海及揚州各地。太平廣記往往稱之。[九] 波斯即漢之安息。二國與華貿易之歷史,早在漢代,然在羅馬帝國勢力之下,尚未能特別發展。至紀元後第七世紀中葉,薩拉森帝國崛起於西南亞細亞時,羅馬在華之貿易,始爲阿拉伯人等取而代之矣。隨阿剌伯人勢力以來中國貿易者,尚有回敎人。回敎宗默德那國王謨罕默德,曾於是時遣其母舅番僧蘇哈白賽來中國貿易。卒葬於廣州,即今日之回回墳。在廣州城北門外。墳建於唐貞觀三年,(六二九)故來華年

五, 漢郭憲別國洞冥記卷二第三頁(明刻本在今道史內)載'元封三年大秦國貢花蹄牛,按元封三年,係武帝時(西歷一〇八年)。若是,則大秦之通中國當不始于桓帝,而始于武帝時。以正史未載,尚待考。'

六, 晉書四夷列傳'大宛善市賈,爭分銖之利。得中國金銀,輒爲器物,不用爲幣也。'後漢書烏桓傳閻柔領烏桓校尉府,並領鮮卑,賞賜質子,歲時通市焉。'魏源海國圖志卷二〇九第五頁。

七, 後漢書烏桓傳'靈帝中平四年冬,烏桓攻雲中,遮截道上商賈車牛千餘兩。

八, 後漢書馬融傳李賢註,又梁冀傳'冀起菟園于河南城西,嘗有西域賈胡,誤殺一兔,亦可見其深入內地之一證。

九, 太平廣記卷四四一''後魏莊帝時波斯獻獅子''又卷四六四第三頁,又卷四〇二第三頁,又卷四〇二第五頁,''有大食商人'',此外尚多。

月,雖無考,而謨罕驀德之與中國通商,至少當在貞觀以前也。[一〇]此外如師子國(天竺之南即印度洋中之一島)扶南眞臘(暹羅地)林邑(越南西地即占城漢末名林邑)等國之商舶,亦常匯聚於廣州海口。至於西北貿易,則爲突厥迴紇吐蕃,突厥通商地點,爲受降城及安西等地,爲物物交易之制。[一一]迴紇除馬絹交易外,亦間以其他本土所產易物。[一二]吐蕃由中土傳入蠶種,造酒,碾磑紙墨之法。[一三]其他西戎黨項等地,內地商賈之往貿易者,亦甚多。

宋時,海道與大食,古邏闍婆(即爪哇)占城(即前林邑)勃泥麻逸三佛齊(居眞臘爪哇之間)諸國並通貿易。是時,大食仍有相當之勢力。開寶元年,四年,六年,九年,太平興國二年,四年,淳化四年,均來朝貢。其土產物亦多有運載與三佛齊貿易,由商賈轉販以至中國。三佛齊之艦舶,均滿載香藥犀角象牙,[一四]泊於潮州及廣州二地。闍婆國對於中國商人,尙有相當之優待。[一五]往來大商人,有毛旭及蒲盧歇等。占城互市,無緡錢,止用金銀,較量錙銖,或吿以鉛,定博易之直。[一六]摩逸國亦於太平興國七年,載寶貨至廣州,勃泥注輦諸國,亦時有中國商人商船之來往。大理交州之貿易,亦多。交州自唐以來,所通道路,有

一〇,廣州府志卷一六〇第八頁"廣州開海舶,西域回教默德那王穆罕驀德遣其母舅番僧蘇白賽來中土貿易,建光塔及懷聖寺,寺竣成,尋歸,遂葬此"。

一一、舊唐書卷一九四突厥上又突厥下。

一二,舊唐書一九五回紇。

一三,舊唐書吐蕃傳上"高宗嗣之追封爲賓王,……因請蠶種及造酒碾磑紙墨之匠,並許焉。"

一四,宋史卷四八九三佛齊傳"是年潮州言三佛齊國番商李遊乘船舶載香藥犀角象牙至海口。"

一五,宋史卷四八九闍婆國條"中國賈人至者,待以賓館,飲食豐潔。"

一六,宋史卷四八九外國五。

十六處。[二七] 宋政和末,(徽宗一八年)以其自熙寧以來,全不生事,特寬和市之禁,以示優異。東南貿易,以高麗爲最多,高麗與華陸路毗連,遼太宗時,(後唐明宗時,西歷九二五)已來往通市,然在宋代入貢之始,實由閩人誘之,且由海道而來,以是貿易往來,均在登州明州二地。交易不以錢,而以布米。嘗乞示書籍及金箔。中國商人僑居其地貿易者,以數百計。[二八] 多閩籍。

元移宋鼎,入主華夏,亞洲諸國,悉爲藩屬。對外貿易,已趨比較自由。以是海外通商,亦以此時爲盛。東洋貿易,則有日本。考日本與中國交通之歷史甚早。自後漢始,即常通中國。歷魏晉宋隋,皆來朝貢。故兩國間之貿易關係,早已樹立,固無疑義。在宋太宗雍熙二年時,日本奝然僧隨台州寧海商人鄭仁德船歸國,可證其時已有互市。唯宋代倭船入界之禁極嚴,以是貿易未有發展。元至元十五年,詔諭沿海官司通日本國人市舶,中日兩國間貿易,由是始漸增多。然大德時,復以日商爲患地方,倭船所至,備之極嚴,而日本本國,亦在閉關時代,故終元之世,雖有貿易,亦未能與西洋諸國比也。元時,占貿易重要地位者,仍爲阿剌伯人,幾獨占中國之海路通商。泉州一地,阿人之移住者,以萬計,可見其盛矣。

明代海外貿易,開吾國通商史上之新紀元者,即爲歐人之東漸。來華通商最早者,爲葡萄牙人。正德一一年(一五一六)拉斐爾伯斯德羅(Raphael Perestrello)附航船來廣東。次年又有商船隊八艘相繼至。地方官善遇之,遂開始貿易。爲中國與近代歐人直接通商之始。

一七,宋史卷四八八交州條。

一八,宋史卷四八七高麗傳"紹興二年定海縣言民亡入高麗者約八十人"又王城有華人數百,多閩人,因賈舶至。

明代歐人貿易勢力,可謂葡萄牙之時代。唯據明史,中西紀事及海國圖志所載,則葡萄牙以前,明武宗末至萬曆中,(一五二一……一六〇七)數十年間,尙有所謂佛郎機者,獨占粵閩之貿易。中西紀事且謂歐羅巴之通中國者,亦以佛郎機爲最早。[一九] 佛郎機即佛蘭西,海國圖志瀛環志略海錄等書,均載明之。玆將明季佛郎機之事實,史籍所載者,按年列出於下,以資考證:

正德一二年(一五一七)佛郎機素不通中國,十二年,突至廣州澳口,以滿剌加恕其審國,逐之。

正德一三年(一五一八)佛郎機于正德中,據滿剌加。十三年,遣使臣甲必丹末等貢方物。

正德一六年(一五二一)七月,佛郎機挑土物來華,求市。守臣請抽分如故事,復拒之。

嘉靖二年(一五二三)寇新會之西草灣,官軍追捕,得其砲。汪鋐進之,名曰'佛郎機'。

又是年佛郎機人突入廣東,會城,御史何鰲,謂由於鈌上貢香物,致番舶不絕於海。是時佛郎機與華貿易頗盛,粵東文武月俸,多以番貨代。佛郎機絕市,貨至遂少。有請復許通市者,未準。巡撫林富上言,謂粵中公私諸費,多資商稅。番舶不至,公私皆窘請許佛郎機互市,從之。自是以後,佛郎西遂入香山澳爲市,又至福建貿易,往來不絕。

嘉靖一四年(一五三五)指揮黃慶納賄,移市舶司於濠鏡。(距香山

一九.　中西紀事卷一第二〇頁。

百二十里)歲輸課二萬金。佛郎機遂混入焉。高樓建築,櫛比相望。閩粵商人,趨之若鶩。其來益衆,諸番皆趨之。

嘉靖中　(一五四二…四)佛郎機船載貨泊浯嶼潭。龍溪八九都民及泉之賈人,往貿易。

嘉靖二八年(一五四九)佛郎機已在香山澳濠鏡建城築室,若一國然。將吏之不肖者,反以爲外府矣。

萬歷中　(一五九四…六)破滅呂宋,盡擅粵國海上之利。

萬歷三五年(一六〇七)是時何士晉督粵,令悉毀澳中城台,諸番始稍有顧忌。佛郎機始懷去志矣。

萬歷天啟間(一六二二…三)增兵澳門,專以防佛,佛亦猜逼,不敢久留。

崇禎三年(一六四〇)佛郎機互市,禁止入省,令商人載貨下濠鏡澳貿易。

由上觀之,明武宗以後,數十年間,幾全爲佛郎機貿易之時代。如,嘉靖時林富請開互市奏,可知其貿易之大,足以影響粵中公私諸費。其最盛時,爲嘉靖萬歷中。萬歷三五年復以官司禁止,邊民仇恨,始逐漸衰落。又清順治四年,粵督佟養甲言,佛郎機寓居濠鏡,與粵商互市於明季,已歷有年所。後因深入省會,遂飭禁止。似更可證明明時佛人已有前此之貿易。

若觀葡人方面,其中籍書中之可考者,如瀛環志略謂:[20]

隆慶初(一五六八)葡萄牙抵粵東香山縣之濠鏡,請隙地,建屋,歲納租銀五百兩,許之,遂立埔頭于澳門。爲歐洲諸國通市粵東之始。

二〇,瀛環志略卷一第二〇頁。

澳門紀略所載謂[二一]:

> 葡為西洋夷,居香山澳,自明萬歷迄今幾二百年。

隆慶及萬歷均在正德後數十年。若是則葡人在華通商,尚在佛蘭機之後。然據外國史略所載[二二]:

> 葡萄亞國于周朝已通貿易,後羅馬國攻服之,漢時國日强,唐肅宗時併入回回者,三百年,宋時攻敗回回……明正德一一年,至中國,前往上川,復至舟山寧波泉州,而據澳門,廣通商之路。

西籍所載,亦謂[二三]:

> 中外直接通商之起始者,為葡萄牙人,於一五一一年時,克麻六甲Malacca。(其時東方國際貿易之中心點。)五年以後,(一五一六)伯斯德羅航海至中國。次年,葡船四艘,及馬來船四艘,至廣東之上川島。

若是,則明代正德一二年之至澳口者,當為葡萄牙人。其他外國史籍所載,均謂葡萄牙在明季占貿易權,並無佛郎機之事。考明時西人來華,均統分為西南洋人,及大西洋人,種族未加細別;居澳門者,均謂之澳夷,內中錯誤,自所不免。意者,或誤以來華之葡人,為法郎機人也。其可佐證者,有四:

一明史所載:正德一二年,佛人來華,滿剌加愬其奪國,逐之。海國圖志亦謂佛郎西之通中國,自據滿剌加始。荷蘭之通中國,自據爽留巴始。滿剌加即麻六甲。考在正德時(一五一一)據麻六甲者,係葡萄牙人,而非佛郎西人。

二,明史有佛郎機傳而無葡萄牙或澳夷布路亞等傳。僅佛郎機傳後附"大西洋人來中國者,亦居此澳"一語。

三,澳門紀略下卷,佛郎西條,第八頁,謂佛郎西遣將以巨砲

二一,　澳門紀略下卷第一八頁。

二二,　海國圖志卷三八引外國史略語。

二三,　Morse, International Relations of the Chinese Empire Vol I. P. 41

利兵,破滅滿剌加,又擊破巴西國。考巴西國於一五〇〇年後,爲葡人擊破,並非法郎西。

四,此外如與荷蘭中分美洛居(斐利濱羣島內)擊破呂宋,明史均載爲佛郎機,其實均西班牙之誤。

據上證明佛郎機殆卽葡萄牙之誤[二四]。是時發現東方航路者,爲葡人。一四八六年,地亞士(Diaz)始至好望角,卽古之大浪山。一四九七年,華斯哥加馬始至印度。於一四九九年,卽返國。航路未發現,佛郎西人不能是時來華。職方外紀佛郎西國條,謂[二五]"佛與兵伐回回,始俑大銃,因其國在歐羅巴內,回回遂槩稱西土人,爲佛郎機,而銃亦沿襲此名。"若是,則昔時佛郎機已爲歐西人之統稱,正德葡人來華,以其爲大西洋歐羅巴人,遂沿回回(回回人與華之關係較早)而亦稱爲佛郎機,後人遂誤以爲佛郎西國也。

次之,爲西班牙。一五七二年,(明穆宗隆慶六年)由馬利拉(Manila)來華,一五七五年至廣東。職方外紀且謂歐羅巴初通海道,周經利未亞過大浪山抵小西洋而至中國貿遷者,從此國始[二六]。西班牙人於明時並無何等勢力。

次之爲荷蘭。卽明時之紅毛。與中國間接交易之歷史甚早。閩俗每歲給引販大泥國及咬𠺕吧。荷蘭就其地轉販。萬歷二二年(一五九四)有奸民潘秀在大泥貿易,勾引荷蘭人以來,爲荷人來華之始[二七]。二九年,(一六〇一)攻呂宋,轉至香山澳求市,未許。去之福建之漳州,直抵彭湖嶼。三二年,(一六〇四)至廣東,亦未許貿易。三五年,(一六〇七

二四, 桑原隲藏宋末提舉市舶蒲壽庚之事蹟第二二二頁行六,佛郎機下亦註以波而都瓦爾(Portugal)惟未證明。

二五, 海國圖志卷四一引職方外紀語。

二六, 海國圖志卷三九大呂宋國第九頁

二七, Morse:-International Relations of the Chinese Empire亦謂荷于一五九四年東來。

）復來,仍未成功。天啟二年（一六二二），率船一五,來攻,敗去。遂往台灣。海上奸民,與之互市者頗多。遂再至澎湖,以求市爲名,築城而守。天啟四年（一六二四），逐之,離澎湖。荷人極欲得貿易之權,深忌澳夷,終爲所阻,終明之世,未能通市。清初順治一〇年（一六五三），又至廣州;一二年,准其貢使在館交易。廣東仍禁如故。

清代海禁未開以前,在華占貿易權者,爲英法荷蘭諸國,而以英人爲較盛,幾獨占此時期之海上貿易;法人於一六六〇年來華,美國則於一七八四年,英人則於崇禎一〇年(一六三七)已直接通商,其時邊臣誤以英人爲荷蘭,[二八]奏稱紅毛駕四船,由虎跳門薄廣州,聲言求市,中西紀事已言其誤矣。清康熙時,思在澳門貿易,以海禁未開而止,僅往來於廈門台灣等地。台灣平,乃舍閩赴粵東,又往來於舟山寧波等地。是時,英吉利之名不著,但知爲紅毛而已。海禁開後,英人以粵關索費太重,常糾合洋商爭之,乾隆五八年,又使馬甘尼來華,請在天津開港,未許;道光一〇年,英政府又解散在粵總攬貿易之四班公司局,聽散商來華貿易,勢力更加澎漲,設大班以經理之,義律卽於是時來華大班之一。同時粵人與英以商業關係,常起隙端,遂釀成鴉片戰爭,開吾國不平等條約先河之南京條約。

考明末清初,近代歐人之來華貿易者,除葡萄牙,西班牙,荷蘭,英國,法國,美國,俄國等外,尙有瑞典人,普魯士人,丹麥人,漢堡人,奧地利人（卽比利時人）,意大利人,秘魯人,墨西哥人,智利人等,亦均於此時期內,先後往來貿易,唯無甚重要耳。玆將

二八，中西紀事互市檔案,第二頁,謂"陳昂任廣東總兵官,奏言紅毛一種內,有英圭黎諸國,"亦其一例。

近代歐人來華貿易之年月表列於下。

國名	最初來華貿易年月		最初來華者	初至地點	備註
	中曆	西曆			
葡萄牙	明正德一一年	一五一六	拉非爾伯斯特羅	廣東	次年商船隊八艘至，遂開始貿易
西班牙	明萬歷三年	一五七五	教士二人	廣東	一五八〇年至北京，被擯回廣東，自後多在馬尼拉與福建各港間貿易
荷蘭	明神宗萬歷三二年	一六〇四	瓦維克Wybrand Van Wanuick率一船	廣東	一五九四年即有來華者，唯實際來船者則為一六〇四年,一六二四年占台灣,淡宗天啟三年(一六二三)遣人求互市
英國	明崇禎一〇年	一六三七	約翰維德爾 John Weddell率五船	澳門	此為實際通商之始，英國與日本於十七世紀時已有貿易
法國	清順治一七年	一六六〇	一船	廣東	一七二八年設洋行,尋廢
美國	清乾隆四九年	一七八四	直接派船來華	廣東	
俄國	明穆宗隆慶元年	一五六七	俄派使至北京		以前常來邊境貿易，為陸路通商之國家

二　歷朝之商業政策

吾國自昔以農業立國,貿易一項,素不重視,以言政策,殊愧未能。唯自唐宋以來,市舶之收入甚大,頗引起有司之相當注意。偶有設施,其間蛛絲馬跡,亦有可以記載者也。

統觀吾國對外關係,自西漢時起,至康熙二三年(一六八四)開海禁止,完全為閉關之時代。故在此時期中,國外貿易,多隨貢舶以至。然其中亦尚有比較的禁錮,及比較的自由二時代。如明嘉靖元年至三九年,及清順治元年至康熙二二年,爲比較禁錮的時代。但禁錮各有特別原因,各國亦有分別;嘉靖時,乃嚴防倭寇,故南洋諸國,仍許朝貢;順治康熙時,乃由於台灣鄭氏未平,故荷蘭暹羅等國亦骨特別允許其貿易。二九而同時尚有京師會同館開市五日之例。故並非絕對的禁錮,不過比較嚴重耳。比較自由之時期,則以元代爲較顯著。然亦注重於朝貢方面。故吾國此千餘年來之商業,廣泛言之,即謂爲隨貢互市的商業亦可。雖國內商人之出洋貿易者,亦甚多,然外商之來華者,則大多先進貢而後貿易。蓋吾國自昔以天朝自居,海外諸邦,均以蠻夷相視。非進貢,絕不許其入境。故外人之欲通商者,不得不隨貢舶以至,或以貢爲名也。此種情形,卽在淸代中葉,英法各國之來貿易者,亦未能免。茲將歷代設施,分述於後。

唐代以前,市舶無專司之置,邊境互市,聽其自然,既不以國庫收入爲目的,復無保護之性質,無所謂政策也。隋時,西域貿易頗多,由裴矩掌其事。利用諸胡商人,探詢西域四十餘國之山川險易。並據此以撰西域圖記。其序中有謂"西域縱橫將二萬里,由富商大賈,週遊經涉,故諸國之事,罔不徧知"之語。三〇其後西域諸國,相率入貢,均由裴矩之功,而矩則得於商賈之手。始可謂略有利用商人以圖侵略之性質。

唐時財政,以鹽茶之收入爲大宗。舶稅所收,爲數極不關重要。德宗以後,軍事屢興,括富商錢甚多,商業頗受影響。其時邊境方面雖有安南安西兩都護府以爲中西海陸互市

二九,康熙二年,准荷蘭貿易一次,三年,准暹羅貿易一次。
三〇,隋書裴矩傳。

之通衢,同時西域諸國及猶太波斯人來華貿易者,又極為踴躍,然未聞有何項之設施。唯對於來華番客,頗加保護。如文宗太和八年(八三四)之上諭,謂來華番客宜委節度觀察使常加存問,蓋已寓有懷柔遠人之意矣。

宋代海外貿易,大多以收入為政策,由政府專其利。閩廣商人往外洋貿易者,及外商來華者,均須照例抽解。崇寧以後,此項收入常在數百萬之間。其收入政策之最明顯者,如下:

一.太宗時,以抽解所得之犀象香藥,於京師置榷易署,增價賣與商人,恣其販鬻。歲可獲錢五十萬,以濟經費。即其收入政策。[三一]

二.高宗紹興七年上諭,謂市舶之利最厚,若措置合宜,所得動以百萬計,豈不勝取之於民。[三二]

三.又高宗紹興一六年上諭,謂市舶之利,頗助國用,宜循舊法,以招徠遠人。

四.顧炎武天下郡國利病書謂南渡後,經費困乏,一切倚辦海舶,歲入固不少。[三三]

五.宋岳珂著桯史卷一一,謂番禺有海獠雜居,其最豪者,曰蒲姓,本占城之貴族也。……使者方務招徠,以阜國計,不之問。

關於此項收入政策之表示,散見古籍中者甚多,故宋之注重海舶收入,殆無疑義。此外對於海外貿易之獎勵,尤為宋代商業之特點。太宗雍熙時,遣內侍八人,招致番商,其後蔡景芳又以招誘舶貨而補承信郎。大食番客蒲囉辛以所販

三一, 宋史張遜傳。

三二, 粵海關志卷三引宋會要語。

三三, 顧炎武天下郡國利病書,卷一二四海外諸番條。

乳香,直三十萬緡,亦補承信郎。又定例閩廣舶務監官,抽買乳香每及一百萬兩者轉一官。孝宗隆興六年,又有諸市舶綱首能招誘舶船抽解貨物累價五萬貫以上者可補官之詔,此皆當時對外貿易之獎勵及收入政策也。不過宋時雖以收入爲主要目的,而其抽解有定數而取之不苛,納稅寬其期,而使之待價,亦寓有懷遠之意也。[三四]

元代貿易政策,與宋略有不同。其可注意者有二:一曰貿易之比較自由,一曰官營海外貿易。至元一四年(一二七七)初設市舶司時,卽令每歲招集舶商,至番邦博易珠翠香貨等物。一五年(一二七八),詔中書行省唆都蒲壽庚等,謂諸番國列諸東南島嶼者,往來互市,各從所欲。又詔沿海官司通日本人市舶,罷海商之禁。三一年(一二九四),又詔勿拘海舶,聽其自便。英宗至治三年(一三二三),令聽海商貿易,歸徵其稅。故此時爲貿易解禁之時代。一方面固爲收入營利之目的,[三五]一方面亦藉此以招諸番之來朝貢也。官營海外貿易,爲世祖時貿易利權集中之計劃。換言之,卽中央政府獨占海外貿易之政策。定例,官自具船給本,選人下番,貿易諸貨。其所獲之息,以十分爲率,官取其七,所易人得其三。諸番客旅,就官船買賣者,依例悉抽之,爲官船官本商販之法。其意卽不許泉州蒲壽庚等壟斷其利,而使諸番互市之利權,收集於中央政府。故凡權勢之家,均禁其不得用己錢入番爲賈,犯者罪之,仍籍其家產之半。蓋其時之一種積極政策也。此外如徵稅之雙抽單抽之制,番貨重而土貨輕,亦可爲吾國獎勵國貨出洋之先例。

三四, 明丘濬,大學衍義補,卷二五,第一二頁。

三五, 元時,對於海外貿易,亦重營利主義,順宗中統二年(一三三四),中書省且請發兩艘船下番,爲皇后營利。

明初對外貿易,已由營利及收入政策一變而爲純粹的懷柔政策。蓋欲藉海外貿易以懷柔遠人來朝貢也。故海舶來華,多不徵稅。洪武二年(一三六九),三佛齊國海舶至泉州海口,高麗海舶至太倉,均勿征稅。又諭福建行省免征占城海舶,示懷柔意。同時,又規定朝貢附至番貨,欲與中國交易者,官抽六分,仍給其價以償之,復免其稅。蓋此時有市舶之名而無抽分之利。永樂元年,西洋瑣里國,及剌泥國來貢,附帶胡椒,與民互市,亦免其稅。蓋其時注重懷柔遠人,不以市舶爲利,成祖所謂商稅所以抑逐末之民,不以爲利也。北邊貿易,孝宗弘治元年(一四八八)令北人入貢者聽其貿易吾國對於外商來華之貿易,以此時期爲較開放。

雖然,明初貿易,雖趨開放,然並非絕對之自由,對於不歸順常爲邊患者,仍有禁錮之勅令。如西蕃硫球,曾未寇邊,即許其入貢互市。西洋南洋各國之來朝貢者,亦得享有自由之特權。至於常爲患於沿邊諸地者,則以禁令限制之。故對於日本則限其期爲十年,人爲二百,舶爲二隻。

至於本國商人下番之貿易,則與外商來華貿易者不同。自洪武時起,常有私下諸番互市之禁,其意卽以爲寇邊由於沿海人民私下番貿船者所引致也。

太祖洪武一七年(一三九四)命嚴禁私下諸番互市者。帝以海外諸國多詐,絕其往來,惟硫球眞臘暹羅,許其入貢,而沿海之人,往往私下諸番貿易香貨,因誘蠻夷爲盜,命禮部嚴絕之,凡番香番貨,不許販賣。

宣宗宣德八年(一四三三)嚴私通番邦之禁。

正統一四年(一四四九)命申瀕海居民私通外國之禁。蓋居民貿易番物,常洩漏事情及引海賊寇邊。

代宗景泰三年(一四五二),禁約福建沿海居民,毋得收販中國貨物,置造軍器,駕海船,交接琉球,招引爲寇。

武宗正德三年(一五〇八)命各番進貢,毋得入境市物,以其物售之者,治以重罪。

此種禁令,略寓有國家專有海外貿易之意(市舶司即爲司其責者)。即禁私營海外貿易者。至於外商之所朝貢而來爲朝廷所允可者,可以互相貿易。否則爲私,即有嚴厲之禁令,以限制之。故總觀明代之政策有二:對於外商,則寬貿易以示懷柔,其不歸順者,仍限制之。對於國內商人之下番者,則採禁錮之策,以重國防而杜邊患。

至於海舶收入,其時亦有相當之注意。所謂市舶所以通華夷之情,遷有無之貨,徵收稅之利,減戍卒之費,禁海賈,抑奸商,使利權在上,罷市舶,則利權在下。[三六] 蓋一方面,可以流通貨品,通曉外情,一方面亦可以補國庫之不足也。

清代政策,在海禁開放以前,即順治初年至康熙二三年,爲比較保守閉關之時代。禁令甚嚴。如順治一二年,令除有執照許出洋外,有擅造船出洋,或分取番人貨物者,治罪。康熙初,雖有二次例外,二年曾准荷蘭貿易一次,三年准暹羅貿易一次,五年時,又令永行停止貿易。七年,復有非貢期概不准貿易之令。蓋其時,深恐外商奸詐,擾亂邊境,而台灣未平,亦爲其一主因也。吾國歷朝對外貿易,在此時期以前,吾人

三六,世宗元年給事中夏言上言市舶事謂。

或可概稱之爲隨貢互市之商業。

康熙二三年（一六八四），開海禁。令直隸山東江南浙江福建廣東各省，先令海禁之例，盡行停止。除違禁品外，均可出洋貿易。又允許沿海居民，以五百石以上船隻，出洋貿易。吾國數千年來，以明文記載開放海禁者，以此爲始。（其後雍正七年（一七二九）復大開洋禁，凡康熙時之尚有限制者，亦均解禁。以是西南洋諸國，咸來互市。[三七]）唯吾人所應注意者，則此時期以前之閉關政策內，嚴海禁者，乃禁私，卽禁私與番人貿易者，而於隨貢舶以來之外商，並未受何等禁錮，仍可以互相交易也。而此時期之開海禁，亦所以開放私相貿易之禁，凡民經官府之允許，不違法令者，亦可自由貿易也。故此時期，或謂爲由限制的貿易轉爲自由的貿易亦可。

海禁開後，貿易已趨自由，其通商之地點，初時爲閩粵四港。後又限於粵東一港。故一時海外商業，總聚於廣州一地。廣州貿易，乾隆間，又專利於公行之手。公行者，總理對外一切交易之事者也。二四年，又重定非開公行之家，不許外商寓歇。（以前民間競建房屋，以寓外商之在粵過冬者。弊端百出。）其買賣貨物，必令行商經手，方許交易。作弊者，分別究擬。又設通事買辦。故公行之勢力極大。粵中貿易——實際卽其時全國之對外貿易——均操縱於公行之手矣。故清代此時期之政策，一方面圖流通貨物，增加稅收，特開海禁，一方面復恐外人過於散漫，難以稽查，復採貿易集中之策。如貿易之限聚于廣東一港，公行之總攬對外貿易全權，均爲此種集中政策之表現也。

三七，王之春，國朝柔遠記，卷四，第一二頁，謂"康熙中雖設海關，與大西洋互市，仍嚴南洋諸國之禁，至雍正七年，始大開洋禁，西南洋諸國，咸來互市。"

綜合言之，吾國歷代對外貿易，自西漢起至清初開海禁止，其商業有二：一爲外舶來華之貿易，一爲本國商人出洋之貿易。二者之中，以第一項貿易爲最大，蓋本國商人往外洋貿易，雖每歲不乏其人，然常受禁令之限制，絕未能發展也。故自性質上言之，吾國海外商業，可概稱爲隨貢互市之商業，雖實際上不能絕對的無專營貿易者，然大多數均隨貢舶以來，或以貢爲名而來貿易。若自政策上言之，則歷朝均寓有懷柔之意，同時亦多以收入爲目的，雖有嚴格之劃分。以素無商業政策足言如吾國者，固無足怪。唯自上述觀之，吾人可得而知者，有二性質。

一，懷柔　即懷柔遠人之意，前代對於遠人之來貢者，極爲重視，可以宣揚本朝之國威，爲免兵戎征伐計，即以貿易爲一種手段以招徠之。

二，收入　市舶收入，爲利極大，前代已屢有言及之者，故歷朝亦極注意之，紹徠番商即所以增加收入，其禁私之令，一部份雖爲避免寇邊之患，一方面即爲國家獨占此項收入利益之一種手段。

總之，歷代設施，並無絕對之懷柔政策，或絕對取收入主義者，其實，同爲國外貿易之一種方策也。

三　市舶司及清代之公行

吾國與外洋通商，起源甚早，而專置官員以主綰此項事務者，則始于唐代之市舶使。市舶使爲吾國海關徵稅之所自始，起于唐初，迄于明末，前後千餘年。雖名稱更易，興廢不常，然市舶事務之置有專員，稽徵番貨，固未嘗間也。唐代以前，中外貿易,卽已發達。如大食波斯往來交易,每歲頗多,然史籍所載,未聞有市舶使之名。蓋其時番貨徵榷事務,由州吏刺史主之。[三八]故漢魏以降,緣邊郡國,皆有互市,與諸番交易,均由郡縣主之,而不別置官吏。至隋互市始設專官。有四方使者,各一人,掌方國及互市之事。其屬有交市監(從八品)及副監(從九品),置于緣邊諸州,分司糾察互市出入交易之事。唐初,亦因其舊。諸番交易,置互市監(正六品)及互市監丞(正八品),隸於所管州府,凡互市所得物品,各別其色,以言于州府,由州府爲之申聞。互市監,于武后光宅中,(卽睿宗文明元年西歷六八四)曾改爲通市監。後又復舊名。[三九]市舶使之名,始見于開元時。[四〇]若以唐六典證之,(按唐六典爲玄宗所撰述,玄宗以前之制度,無此官,)則此官或卽開元初間,由互市監所改置者。唯顧炎武天下郡國利病書論海外諸番互市條有貞觀一七年有三路市舶之語。[四一]但據桑原隲藏所述,謂貞觀一七年,乃引宋史紹興一七年之誤。[四二]總之開元時,已有此官之設,自無疑義也。代宗廣德元年,(七六三)有廣州市舶使,專主稽徵番貨,此時市舶已有專員管理之。宋初,市舶司掌番貨海舶征榷貿易之事,以來遠人,以通貨物。[四三]市舶使,市舶判官,多由州郡兼領,爲各州郡兼領市舶使之時代。至神宗元豐中,(一〇八一)市舶事務,歸轉運司專管州郡不復預,制度爲之一變。其後屢廢屢置。至恭帝德祐元年,罷市舶分司,令通判任舶事,仍復宋初州郡兼領之舊制矣。元代市舶,一沿宋制,

---

三八,南齊書,王琨傳:"廣州刺史,但經城門一過,便得三千萬也,"即其一證。

三九,唐六典,卷二二,第一三頁。

四〇,新唐書柳澤傳開元中殿嶺選時市舶使周慶立造奇器以進。

四一,顧炎武,天下郡國利病書,卷一二〇第六頁。

四二,日本桑原隲藏著蒲壽庚之事蹟第九頁。

四三,宋史職官志。

唯廢置甚多。世祖時,曾併入鹽運司,武宗時,又以之隸于泉府院,後復以市舶提舉司隸行省。明代仍有市舶提舉司。永樂官制,置市舶司提舉一員(從五品),副提舉二員(從六品),吏目一員(從九品),專掌海外來貢物貨市易之事,而以內臣提督之,迄于明末,均爲中官領市舶之時代。清代不設市舶,海禁之時,貿易事務,以地方官吏主之,近海州縣司稽查,稅務歸于鎮閩將軍。海禁開後,則設海關。故市舶司之官,至清代已不復有之。茲將歷代市舶司之重要興廢,按年列出於後:

(唐)玄宗開元中	(七二七左右)	有市舶使。
代宗廣德元年	(七六三)	有廣州市舶使。
(宋)太祖開寶四年	(九七一)	置市舶司於廣州,以同知兼市舶使,通判兼市舶判官。
眞宗咸平三年	(一〇〇〇)	杭州明州各置市舶。
仁宗時	(一〇二三左右)	杭州明州廣州置市舶司。
神宗熙寧中	(一〇七二)	泉杭廣州皆置司。
熙寧九年	(一〇七六)	議罷杭州明州市舶,隸廣州一司。
元豐中	(一〇八一)	轉運司兼提舉市舶。
哲宗元祐二年	(一〇八七)	泉州始置市舶,與州郡獨立。
元祐三年	(一〇八八)	專置市舶提舉,轉運不復預。

		置密州板橋市舶司
元祐四年	(一〇八九)	盡罷提舉官。
徽宗崇寧元年	(一一〇二)	復置杭明市舶司,官吏如舊額。
大觀元年	(一一〇七)	續置提舉
高宗建炎元年	(一一二七)	罷兩浙福建市舶司,歸轉運司。
建炎二年	(一一二八)	復閩浙二司
紹興二年	(一一三二)	罷福建提舉市舶,以提舉茶鹽兼領。
紹興一五年	(一一四五)	置江陰軍市舶務
孝宗隆興二年	(一一六四)	是時兩浙市舶分建於臨安明州秀州溫州江陰軍五所。
乾道二年	(一一六六)	罷兩浙市舶司,福建廣南仍舊。
恭帝德祐元年	(一二七)	罷市舶分司令通判任舶事。
(元)世祖至元一四年(宋端宗景炎二年)	(一二七七)	立市舶司一於泉州 立市舶司三於慶元上海澉浦由福建安撫司督之。
至元二一年	(一二八四)	於杭泉二州設市舶都轉

		運司,九月又併市舶司入鹽運司。
至元二二年	(一二八五)	正月又立市舶都轉運司。
		六月又併市舶司入轉運司。
至元二三年	(一二八六)	八月以市舶司隸泉府司。
		一一月改廣東市舶爲鹽課市舶提舉司。
		一二月復置泉州市舶提舉司。
至元三〇年	(一二九三)	立海北海南博易提舉司,稅依市舶司例,三一年罷。
成宗大德元年	(一二九七)	罷行泉府司。
武宗至大元年	(一三〇八)	又以市舶隸泉府院。
至大二年	(一三〇九)	罷泉府院,以市舶司隸行省。
至大四年	(一三一一)	又罷市舶司。
仁宗延祐元年	(一三一四)	復立市舶提舉司。
延祐七年	(一三二〇)	罷市舶司。
英宗至治二年	(一三二二)	復置市舶提舉司於泉州慶元廣東三路。
泰定帝泰定元年	(一三二四)	止令行省抽分海船。

(明)洪武初	(一三六九)	市舶司初設於太倉黃渡,尋改於廣東福建浙江設市舶司三。
洪武三年	(一三七〇)	罷太倉黃渡市舶,凡番舶至太倉者,命封籍其數送赴京師。
洪武七年	(一三七四)	罷福建廣東浙江三提舉司。
成祖永樂元年	(一四〇三)	復於浙江福建廣東設三市舶提舉司,
永樂三年	(一四〇五)	於福建浙江廣東三市舶司各置驛館,福建曰來遠,浙江曰安遠,廣東曰懷遠。
永樂六年	(一四〇八)	設交阯雲屯市舶司。
武宗正德三年	(一五〇八)	移廣州市舶司於高州之電白縣。
世宗嘉靖元年	(一五二二)	罷福建浙江二司,惟存廣東市舶司。
嘉靖三九年	(一五六〇)	復三市舶司。
嘉靖四四年	(一五六五)	九月罷寧波市舶司。
神宗萬歷二七年	(一五九九)	復設浙江福建(八府一州)市舶稅務以濟國用,以中官領職。

市舶之官名按朝列表於左下:—

朝代	市舶官名		隸于何官
隋	交市監(從八品)	交市副監(從九品)	隸於四方使者
唐(玄宗以前)	互市監(正六品)	互市監丞(正八品)	隸于州府
唐(玄宗以後)	市舶使		
宋	市舶司 市舶提舉司	市舶判官	州郡兼領後 改轉運司管
元	市舶提舉司		初併鹽運司後隸 泉府院後又隸行省
明	市舶提舉司	副提舉	中官提督市舶

考市舶使所司之職務,一方面稽番貨,一方面管理貢事。蓋古代海禁甚嚴,外貨來華,均須附貢舶以至。宋史職官志所謂市舶司掌番貨海舶征榷貿易之事,以來遠人,以通貨物,元代置市舶司及榷場,亦所以管理抽分征榷之務。番國奉貢物,亦須報市舶司稽驗。明代市舶,掌海外諸番朝貢市易之事,辨其使人表文勘合之眞僞[四四]。則市舶司之兼主貢務,已甚明瞭。明代中葉之互市,禁令頗嚴,唯許入貢各國,帶貨交易,非入貢,即不許其互市。武宗時,市舶職司,且僅限於進貢方物,其泛海客商及風泊番船,非敕旨所載,例不當預,領於鎮巡及三司官[四五]。蓋其時之所謂市舶,即貢舶,二者一事,凡外夷貢者,皆設市舶司領之,許帶他物,官設牙行,與民貿易,謂之互市。市舶爲公,王法之司所許,司於市舶司,貿易之公也,海商爲王法所不許,不司於市舶司,貿易之私也[四六]。是則市舶之兼司貢事,今日海關,略有不同,至爲明顯。

淸興,已無市舶司之設置,自入關以至康熙二三(年一六四四…一六八四),四〇年間,爲海禁極嚴之時代。市舶司既廢,海關亦未開設。互市僅限于貢舶。順治初年,僅許外洋

四四,橫雲山人集明史藁志五七,職官四第一二頁。
四五,橫雲山人集明史藁志六三食貨五第一四頁。
四六,福建通志,卷二七〇,第八頁,又鄭若曾開互市辯。

之來貢者,於京師會同館開市幾日,交易貨品,一時中外貿易,可謂集中於會同館,(明孝宗弘治一一年時,亦有夷人朝貢至京于會同館開市五日之令)。康熙七年(一六六八)又定外國人非進貢之時,不准來境貿易。自康熙二三年(一六八四)開海禁以後,始有海關之設立,而昔日之市舶司,一變而爲今日之海關制度。其時設立之海關有四:一,粵東之澳門(粵海關),二,福建之漳州(閩海關),三,浙江之寧波(浙海關),四,江南之雲台山(江海關)。

市舶所司,除徵抽船稅以外,並負稽查給憑各項責任。凡外商及進貢之來華者,均須由市舶司查驗,而華商之出洋者,亦須由市舶司註冊給憑。故市舶司,不僅爲徵收關稅之場所,亦爲直接管理對外貿易之行政機關。其職權較今日海關之範圍略廣。宋制,由官給引發船,太宗雍熙時,令往番國貿易者,詣兩浙市舶司給官券。元豐五年以前,廣西瀕海商人,亦須至廣州市舶司處請引,後以其太遠,始罷之。凡商人由海道往外洋貿易者,令以物貨名數詣所在地,召保由官給以券。又規定商客出洋貿易,須至所在市舶司處請公憑[四七]。番商方面,崇寧三年,令番商欲往他郡者,從市舶司給券。元時,下番市舶,須由市舶司給縢以往,歸則征稅如制[四八]。其公驗,公憑由市舶司發給。大船給公驗,柴水小船給公憑,每大船一,帶柴水船八,櫓船各一,驗憑隨船而行。或有驗無憑,或數外夾帶者,即同私販。領憑之法,據至元三〇年公布市舶則法二十二條所載[四九],諸處市舶司,凡遇冬訊北風發時,從船商經所在舶司陳告,請領總司衙門元發下公據公憑,並依在先舊行關防體例填付,舶商願往何邦,所載何物,均須填入,至次

四七, 蘇軾乞禁商旅過外國狀云"…李球于去年六月,請杭州市舶司公憑,往高麗。"

四八, 元史仁宗本紀。

四九, 元典章戶部八市舶則法二十二條。

年夏汛回帆,赴原請驗憑發船之舶司抽分,不許越投他處。手續稅則完後,聽舶商發賣。舶商請給公驗,依例召保,所有船中人數,貨物,本船財主,本船某人綱首,人工職務,船隻力勝若干,檣高若干,船長船闊若干,均須詳記。華商外商,均同是例。舶商下海開船之際,市舶司須輪差正官一員,親行檢查,設有不實,檢視官一同處罪。明代略同元制。清初海禁未開以前,已無市舶司之制,復無海關之設。出洋貿易者,則由地方官登記人數,船頭烙號,給發印票,由防守海口官員驗票挂號放行。回國時,呈報守口官員註銷。

康雍以後,海關業已設立。以前市舶司所掌之徵稅稽查事務,雖已歸海關所職掌,而經理貿易行政一方面之實權,則爲所謂"公行"Co-hong or Merchant Gild者所專有。其進出口之關稅,且非直接由海關課諸外商,乃由外商對於廣東行商,按價與以三厘之利益,代納稅則若干,再由該行商等與稅關礦商付給。"公行"初設於康熙五九年(一七二〇),爲廣東商人所組織之團體。專負與外商洋行交易貨物之責,及價格之規定。由政府給以特權,爲國家經營國外貿易之代理者或包辦者。享有其時中外貿易之獨占權。獲利甚大。除須繳納政府銀二十萬兩以上外,每年尚須隨時繳納若干,以保持其獨占之權利。

"公行"經理貿易之法,凡外船進口後,洋行(外人所設)經理者,即須至"公行"處接洽,以本船所載貨物種類多少,開單報告,並支付一切躉船夫役等費。手續清後,始將貨物運至洋行堆棧,再交由行商轉售。其他洋商與普通華商之直接交易,非經過"公行"之手者,絕對不許。此外如外人與中國官吏交涉,亦須由公行經手辦理(限制外國洋行規則八條之第六條)[五〇]。而外人所寓居之洋行房屋,亦不能爲外人所有,須由公行賃定。故其權利之大,無可與比也。

此項"公行",雖在廣東一隅,然實際上即握有其時中國國際貿易之全權。蓋一七五九年(乾隆二四年)以後,凡洋商貿易,均限於廣東一港,爲全國國外貿易之總匯聚入口地。故其時之"公行",即可爲中外貿易之總交換機關也。

"公行"營業,有政府之特許權,爲之後盾,可以自由規定價格,可以任意留難貨船,以是行勒索,弊端百出。其專利貿易之時期,爲吾國五口通商以前國外貿易之總管理機關者垂及百年之久也。

吾國前代對外貿易制度,海道則爲市舶,陸路則有榷場。榷場者,與敵國互市之所也。貨之所獲,亦大有助於經國。[五一] 遼太祖三年(九一八),置羊城於炭山北以通市易,爲榷場之始。統和二三年(一〇〇五),置振武軍及保州榷場,所通交易各國,有高麗女眞烏舍鐵驪靺鞨等國。金時,亦置榷場於燕子城北羊城之間,以易北方畜牧。熙宗皇統元年(一一四一)與夏立榷場互市,以珠玉易絲帛,初設於保安蘭州,後以無所產而稅少,乃另設于綏德環州設置,承安二年(一一九七),復置保安蘭州榷場。宋代,太平興國二年(九七七),於鎮易雄霸滄州,置榷場,通北番。以前雖聽沿邊貿易,未有官署。至是始令於此五州設立之。尋罷。太平興國七年(九八二),置榷場於靜戎軍。淳化二年(九九一),復於雄霸州安肅軍置

五〇, Morse:-International Relations of the Chinese Empire Vol. I., p. 69 § 10

五一, 金史食貨志。

三榷場。真宗景德二年(一〇〇五),令於此三榷場外,北商趨他路者,勿與為市,又於廣信軍置場,仁宗時(一〇四四),保安鎮戎二軍置榷場,通夏。保安軍後徙順寧寨。熙寧三年(一〇七〇),置市易司於秦鳳路古渭寨。六年(一〇七三)置市易於蘭州熙州渭延等州。高宗紹興四年(一一三四),川陝永康軍威茂州,置博易場,一二年(一一四二),置盱眙軍榷場,二九年(一一五九)除盱眙軍外,榷場均罷。元世祖中統元年,立互市於潁州漣水光化軍,二年,立高麗鴨綠江西互市。三年,罷之。至元一四年,於碉門黎州置榷場,與吐番通貿易。二七年,立新城榷場。

榷場均設場官,管理二國交易徵榷之事,宋初以廷臣專掌,通判兼領,多為物物交易。

四　徵稅方法及其收入

徵稅之制,歷朝各有不同。在海關設立以前,大多為抽解抽分之法。唐時,嶺南貿易,番舶泊步,有下碇稅,以徵收外國輸入之物品。其率為十分之三。[五二]番舶始至,先由漕帥市舶官閱貨,有閱貨宴之名。[五三]閱貨後,即征抽之。又有船脚,收市,進奉,等名。加於嶺南福建揚州之番客,此外,不得重加稅率。宋時,亦沿其制。凡舶至者,由帥(唐為節度使,宋為經略安撫使)漕(即轉運使)與市舶監官,蒞閱其貨,而後征之,謂之抽解。即於番貨內抽出幾成以為官有之意。凡未經抽解,敢私取物貨者,雖一毫皆沒收之。故商人皆不敢犯。[五四]驗貨抽解之法,歷唐宋元三朝,均以此為徵稅之第一步。北宋時又有"呈

五二,桑原隲藏著宋末提舉市舶蒲壽庚之事蹟第二五六頁,謂"唐時代之關稅率,據阿剌伯人所傳,當時支那政府徵收外國輸入貨之十分之三之關稅,即唐代之下碇稅。"

五三,韓愈:尚書左丞孔戣墓誌銘,又屈大均廣東新語卷一五第三五頁亦載。

五四,宋朱彧,萍州可談,卷二,第一頁,守山閣叢書本。

樣"之名。向例，番舶抵郡，犀象香珠之屬悉選以充獻，曰呈樣。[五五]此外如博買者，則以金銀錢貨物和買番貨之謂。宋時舊制，舶貨抽解所得，以其貴細者，計綱上京，餘本州打套出賣。大觀時（一一〇七左右），市舶法更改，盡令計綱。高宗建炎元年（一一二七）仍復舊法。綱之計數，初時陸路以三千觔為一綱，水路以一萬觔為一綱。海舶之總其事者，名為綱首。蓋即船主或買辦之謂，以巨商為之。又有副綱首及雜務等名。貨之粗細，分綱亦有不同。細色綱，為龍腦珠之類。每一綱，五千兩。麤色如象，犀，紫礦，乳梡香，之類，每一綱，一萬觔。支水脚贍家錢一百餘緡。徽宗大觀以後，象犀紫礦皆作細色起發，以舊日一綱，分為三十二綱。多費脚乘贍家錢三千餘貫。乾道七年(一一七一)廣南起發麤色香藥等物貨，每綱二萬觔，加耗六百觔，支水脚錢一千六百六十二貫餘。至孝宗淳熙二年時，福建廣南市舶司，麤細貨物，均以五萬觔為一全綱。

抽解成數，亦有定例。蕃貨至華，依例抽解，華商至蕃邦博買，迴帆時，亦由官抽解。唐貞觀中，詔舶貨抽解一分。宋太宗時，市舶立抽解二分。仁宗時，杭州明州廣州海船至者，視所載十算其一而市其三。高宗紹興一四年（一一四四），定抽解四分，紹興一七年（一一四七）以四分太重，詔三路舶司蕃商販到龍腦，沈香，丁香，白豆蔻四色，並抽一分。其他貨物，抽解等差，十五取一，犀牙十分抽二，又博買四分，真珠十分抽一，又博買六分。孝宗隆興六年（一一六四），改為一律十分抽一。又以舶戶懼博買數多，止買麤色貨物，又定象

五五，屈大均廣東新語卷一五。

牙珠犀於十分抽一之外，更不博買。重規定只於發船處抽解，不許隨便住舶變賣。乾道七年，戶部言每交易一〇貫，納正稅錢一貫，除六百七十五文充給總制錢外，三百二十五文存留一半充州用，餘一半入總制錢帳，孝宗淳熙二年，詔廣州市舶除榷貨外，他貨之良者，止市其半，海舶至，十先征其一，價值酌蕃貨輕重而差給之。此宋時徵稅之制也。

抽解所得，甚多如乳香等，多由諸路分賣，間亦召人算請，高宗紹興元年（一一三一），詔廣南市舶司抽買到香，依行在品打成套，召人算請，其所售之價，每五萬貫易以輕貨，輸行在。孝宗淳熙一二年（一一八五），分撥榷貨務乳香，於諸路給賣，每及一萬貫，輸送左藏南庫。一五年（一一八八），以其擾民，亦令止就榷貨務招客算請。

宋初，徵稅之收入，尚不以爲利。自太宗立抽解二分以後，始有利，然爲數甚薄。神宗熙寧時，舶商已居東南收入之一。[五六]迨崇寧市舶抽解變法，經畫詳備，收入始增，茲取其收入之可考者，列出於下：

太宗太平興國元年，創榷易署，時得利[五七]	三十萬緡
仁宗皇祐中，杭明廣三州歲入總數	五十三萬餘
英宗治平中，杭明廣三州歲入總數[五八]	六十三萬餘
神宗熙寧九年（一〇七六），杭明廣三州市舶	
本年收錢糧銀香藥等	五十四萬一百七十三緡匹斤兩段條個顆臍粒支
	支出二十三萬八千〇五十六緡匹斤兩段條個顆臍粒支

五六，宋史食貨志五年：“詔發運使薛向曰。”
五七，宋史卷二六八張遜傳。
五八，宋史食貨志謂“是年又增十萬”。

哲宗元祐元年	仝上數
哲宗元符以前一二年間收置	五百萬緡
徽宗崇寧間九年間收置	一千萬
高宗建炎二年至紹興四年,泉州市舶司利得[59]約九十八萬緡	
高宗紹興十七年,三市舶司抽解與和買歲爲二百萬緡	
紹興二九年,三舶司歲抽及和買[60]約得二百萬緡	
孝宗淳熙間	歲獲五十餘萬斤條株顆

由上觀之,可知宋代中葉,市舶收入,在四,五十萬至二百萬之間,均爲國家常賦以外之收入。貿易之盛,以高宗時爲最。南渡後,縣官一切經費,皆倚舶稅收入。當建炎時,大食番客所販貨物,乳香一項,已値三十萬緡。而番舶綱首蔡景芳,自建炎元年至紹興四年,八年之間,共收舶貨息錢九十八萬緡。平均計之,每年可獲利十二萬緡以上,不可謂不多。宋代抽解收入之多,於此亦可推及。

元初,抽分之例,一沿宋制。舶貨細者,於二十五分中取一,粗者,三十分中取一,漏稅者沒收。以市舶官主之。每年招集舶商,於番邦博易珠翠香貨等物。次年迴帆,依例抽解,然後聽其發賣。考其時客船自泉州福州販土產物,所徵亦與番貨相等。至至元一四年時(一二七七),上海市舶提控王楠以爲言,乃定雙抽單抽之法。雙抽者,番貨之徵也。單抽者,土貨之徵也。即番貨之抽徵,倍於土貨。故元初對於出口土貨,有相當之優待,雖無保護政策之名,亦略有保護稅之性質。自是以後,抽例屢有變更。至元一八年(一二八一),規定商賈市舶,已經泉州抽分者,諸處貿易,止令輸稅,不再抽

五九, 李心傳,建炎以來朝野雜記,甲集,卷一五,市舶本息條。
六〇, 建炎以來繫年要略,卷一八三,紹興二九年九月條。

分。至元二〇年（一二八三），定市舶抽分例，舶貨精者，取十之一，粗者，取十之五。至元二九年（一二九二），又定抽分之數。凡商旅販泉福等處已抽之物，於本省有市舶之地賣者，細色於二十五分之中取一，粗色十五分中取一，免其輸稅。其就市舶司買者，止於賣處收稅，而不再抽。漏舶貨物，依例沒收。三〇年（一二九三），又以七市舶司除泉州三十取一外，餘均十五取一，自是年起，悉改爲三十取一。抽率又減低矣。此外如官船者[六一]，則於所獲息錢內，以十分爲率，官取其七，所易人得其三。仁宗延祐元年（一三一四），又規定官船官本商營者，於貿易迴帆之日，細物十分抽二，粗物十五分取二。

元時市舶之利極大，如至元二六年，江淮行省平章沙木鼎請上市舶司歲輪珠四百斤金三千四百兩之多。至于市舶之司其事者，上下求索，尤爲孔竇百出，每番舶一至，衆皆懽呼曰，亟治廂廩，家當來矣[六二]。其爲利之厚，于此可以想見。

明清兩季，稅法略有不同，已無抽分之法，改爲量船丈抽。丈抽之例，改定於穆宗隆慶五年。是時以前，爲報貨計取。後以外商報貨奸欺，乃改定丈抽之法。按船大小，西洋船定九等，丈抽三分，東洋船，定四等。船多載珍奇。萬歷二年（一五七四），又規定凡販東西二洋雞籠淡水諸番，及廣東高雷州北港等處，商漁船引，由海防同知官管理之。每引納稅銀多少，有定額。名曰引稅。又有船稅，充軍餉。歲以六千兩爲額，分(一)水餉(二)陸餉(三)加增餉三種：

(一)水餉　以船之廣狹爲準，西洋船面闊一丈六尺以上者，徵餉銀

六一，元至元時，已有官自具船下番貿易之法，見前。

六二，元姚桐壽，樂郊私語，第一三頁，學海類編本逛覽類。

五兩,每多一尺,加銀五錢。

東洋船頗小,量減西洋船十分之三。

雞籠淡水地近船小,每船面闊一尺,徵水餉銀五錢,

(二)陸餉　胡椒蘇木等貨,計值銀一兩者,徵餉銀二分(百取二),

小番雞籠淡水,如東西洋之例,

(三)加增餉　東洋中呂宋因地無出產,番人秉用銀餅易貨,船多空回,故每船另追銀百五十兩,謂之加增。因無貨可征,追徵其銀也。

三種餉收數,萬曆四年(一五七六)時,爲一〇,〇〇〇兩,溢出於六千兩規定額之外。一一年(一五八三)收二〇,〇〇〇餘兩;二二年,(一五九四)收二九,〇〇〇兩;均逐年增加,蓋貿易漸盛也。

丈抽法例,至淸康熙初年,仍沿隆慶五年之舊制。康熙二四年(一六八五),始減洋船丈抽,蓋以往日多載珍奇,今係雜貨,十船不及一船,同昔等級,不甚公平,故於原減三分之外,再減二分,洋船至廣州輸稅之法,定例每船按樑頭徵銀二千兩左右,再照則抽其貨物之稅。其法船貨並稅。雍正末年,於額稅之外,又將洋船所携置貨現銀另抽一分之稅,謂之繳送,至乾隆元年,始裁廢之。

淸代自海禁開後,雖有四海關之設,然各關徵稅,輕重不同。粵關極盛,索費亦重。常有粵重閩輕之語[六三],其後淸廷政策,四關併歸粵東一港,外洋商船,以粵港爲總出入之地。爲禁止外商貿易於福建等地計,於是浙閩正稅,又視粵關則例酌加一倍(乾隆二〇年),使洋商無所利而不來。向例洋船來華,

六三,中西紀事互市檔案第三頁。

船貨並稅,唯澳夷(葡萄牙)但有輪船鈔一項。乃未幾,關吏與洋行因緣爲奸,有取之十倍或二十倍於前者。當初定課稅規費,每兩抽三分以作洋行經費,繼而軍需出其中,貢價出其中,各商攤還西債出其中,遂有"內用""外用"之名目,其他如"規費""支銷""歸公""充餉"種種名目,一時並起,其時之稅,據嘉慶時,大班控詞,謂棉花一石,價值八兩,向例行用二錢四分,連稅銀不過四分(初定稅則每兩不過二分,爲百分抽二),其後,每石行用加至二兩,幾十倍之矣。又言,茶葉稅餉二兩五錢之外,洋行會館,每石抽費六員至九員不等。計茶葉出口之價,不過三四倍于八兩一石之棉花。[64]可見五口通商以前,抽稅奇重,雖關稅自由,足以控制外商,然大多係雜費及私賄。且出口入口,無大區別,如棉花茶葉,即其一例。反足以阻礙本國商業之發達也。

市舶之利,明代甚盛,收入無考,當嘉靖時,粵東文武官吏,月俸多以番貨代,巡撫劉富上言,謂粵中公私諸費,多資商稅,番舶不至,公私皆窘。可知其時市舶收入,已足以影響粵中之財政也。[65]

清初稅收,于乾隆時,以閩關爲最。蓋其時粵關太重,洋商多趨寧波等地貿易。如英吉利常往來于舟山寧波等處,不敢來粵,當浙海關初設時,收正額樑頭貨稅銀三萬二千〇三十兩六錢二分,長江稅銀一百二十七兩一錢一厘八,徵絲稅銀五十二兩二錢,共收三萬二千二百一十兩四錢三分八,除工食用項二百五十八兩外,淨解藩庫三萬一千九百五十二兩四錢三分八,以爲定額。贏餘另報,至雍正六年(一七二六)

六四,中西紀事互市檔案第二〇頁。

六五,中西紀事卷一。

額徵外報收贏餘銀五萬四千餘兩,七年至八年,又報實徵贏餘銀五萬九千六百兩有奇,[六六]贏餘者,正額以外之溢收也,清初定有正額,後貨盛商多,遂有贏餘。司榷者,競尚求以取勝。于是贏餘一項,又有"比較上三屆最多年份,"之例。見好者,日有增加,缺數者,亦時賠累。嘉慶時,始核減三屆最多年份之例,永停不用,[六七]茲將嘉慶四年核減贏餘數目,列出于下,亦可窺及五口通商以前關稅收入之大概矣。

粵海關	八十五萬五千五百兩
閩海關	十一萬三千兩
江海關	四萬二千兩
浙海關	四萬四千兩

五　通商口岸

吾國古代之通商口岸,海道則有市舶,陸路則有榷場。唯唐以前,以無專司之設置,難於稽考。大略最重要互市最多之可信地點,有二:

1. 廣州。廣州為吾國東西交通最初之孔道,故互市亦較他處為最先。當漢初時,廣州為南粵之地,與夜郎等地,交易貨品。前漢書西南夷傳所載:

> 漢使番陽令唐蒙風曉南粵,南粵食蒙蜀枸醬。蒙問所自來,曰,道西北牂柯江,江廣數里,出番禺(廣州)城下,蒙歸,問蜀賈人,獨蜀出枸醬,多持竊出市夜郎,夜郎者,臨牂柯江,

故是時廣州已為南粵互市及貨物入口之地點。又史記貨殖傳謂"番禺一都會,珠璣犀瑇瑁果布之湊"珠璣犀等,為吾國古代外洋入口之主要品,亦其一證。魏晉間,西人之

六六,　據浙江通志卷八六。

六七,　姚元之,竹葉亭雜記,卷二,第一五頁。

來華者,亦由廣州。晋太康二年(二八一)大秦國由廣州獻珍,[六八]梁武帝天監時王僧孺爲南海太守,每歲海舶數至,外國賈人,以通貿易。[六九]蓋其時廣州所謂包帶山海,珍異所出,一篋之資,可資數世,貿易之盛可知也。

2. 巴蜀。巴蜀亦爲漢時與西南夷互市最盛之地,而商賈亦以巴蜀人爲最占勢力,亦如今日之閩廣商人。唯其時期,不及廣州之長久耳。前漢書西南夷傳謂:

> 巴蜀民或竊出商賈,取其筰馬僰僮髦牛,以此巴蜀殷富。

又載:

> 元狩元年,博望侯張騫言使大夏時,見蜀布邛竹杖,問所從來,曰,從東南身毒國,可數千里,得蜀賈人市。

可知巴蜀已有賈人市,爲西南夷互市之所也。西南夷人亦入蜀爲傭,冬來而夏返,[七〇]又南齊書芮芮傳稱:

> 芮芮獻師子皮袴褶,時有賈胡在蜀,見之。

亦可爲其時賈胡入蜀之證。

此外如張掖亦爲西域與華夏貿易之地。隋煬帝時,西域諸番,多至張掖與中國市易,裴矩掌其事。[七一]三國時,大秦商賈之東來水道,亦通益州永昌,永昌古蜀地,在雲南境。

唐時之互市地點,有三,而置市舶司者,似有廣州揚州二埠。

1. 廣州。廣州有歷史上之淵源,久爲西洋南洋諸國貿易之地。開元時,已設有市舶使之專官,以收商舶之利。中唐時,多以宦官主之,李勉拜嶺南節度使(肅宗時),廉潔不暴征,西

六八,　晋殷巨,奇布賦"唯太康二年安南將軍廣州牧……俄而大秦國奉獻珍來"。

六九,　二十四史梁書,卷三三,王僧孺傳,第二頁。

七〇,　後漢書,西南夷傳"故夷人冬則避寒入蜀爲傭,夏則避暑返其邑"。

七一,　隋書,卷六七,裴矩傳。

南夷舶,歲至四十柁,公私以濟。李肇國史補謂南海舶,外國船也,每歲至安南廣州。

2.揚州。揚州在唐代以鹽政及漕運之關係,爲一大商業都會。俗好商賈,不事農業。[七二] 以是大食波斯胡人之流寓此間者,極衆。揚州胡店甚多,以珠寶爲業。亦可謂爲中西珠寶互市之匯萃地。[七三] 置有市舶使。[七四] 文宗太和八年(八三四)上諭,有嶺南福建及揚州番客,宜委節度觀察使常加存問之語,亦可知揚州已爲番商之居留地。又鄰近之洪州廣陵豫章[七五]等地,亦常有胡人販賣珠寶之足跡,而洪州尤盛,爲其時江淮間之一都會。

3.泉州。泉州以濱海關係,海舶頗多,外番貢使,亦多至此登陸者,亦爲唐時之一繁盛商埠。

此外交州在唐時之國外貿易亦盛(是時交州尚屬唐地),陸宣公奏議謂嶺南節度奏近舶船多往安南貿易。[七六]

宋代之通商口岸,約有一五,設市舶司者九。

1.廣州。太祖開寶四年(九七一)平廣南時,置市舶使,由州郡兼領。

宋史卷四八九外國五,七年,占城遣使乘象入貢,詔留象廣州,畜養之。

又至道元年,奏內言本國有流民三百散居南海,蒙聖旨放

七二, 唐會要卷八九第一頁李騊䮤語。

七三, 太平廣記卷四〇二李勉條"有波斯胡老詣勉曰,異鄉子……思歸江都…我商販于此已逾二十年"。

又卷四〇二,守船者條。

又卷四〇三,紫靺鞨條"洪州,江淮之間一都會也。…有波斯胡人。"

又卷四〇六,李灌條。其他尚多。

七四, 津門紀略,宦守篇,第四六頁:"買番充斥揚粵間,唐因置市舶使,以帥臣兼領之,"似揚粵均有市舶使。

七五, 太平廣記,卷四〇四,岑氏條。

七六, 陸宣公奏議,卷一,八,第二頁。

還,今猶有在廣州者。

宋史卷四八九,闍婆女國,由交趾至廣州。

宋史摩逸國,太平興國七年,載寶貨至廣州。

至道元年,大食船主蒲押陁黎謂其父蒲希密因緣射利,泛舶至廣州,迄今五稔,不得歸。

2,杭州。 咸平二年(九九九)置市舶,曾廢。

徽宗崇寧元年(一一〇二)復置。

孝宗隆興時分建五所,此其一。(臨安)

3.明州。 咸平二年(九九九)置市舶,曾廢。

崇寧元年,復置。

孝宗隆興時,兩浙市舶分建五所,此其一。

宋史卷四八七,"神宗七年,高麗遣其臣金良鑑來言,欲遠契丹,乞改塗明州,從之"。

宋史闍婆國,六十日至明州定海縣。 此地有掌市舶監察御史。

4.泉州　哲宗元祐二年(一〇八七)置市舶,與州郡獨立。

宋史食貨志下第八頁,元祐三年,置密州市舶,前一年,增置市舶司於泉州。 文獻通考卷六二,職官考一六,提舉市舶條,亦謂哲宗卽位之二年,始詔泉置市舶。

宋史勃泥國入貢,由泉州乘海歸國。

宋史食貨志,"太宗時,詔諸香藥寶貨至廣州交阯兩浙泉州,非出官庫者,無得私相貿易。

宋史儒林傳,"先是泉州番舶貲苛征,歲不三四,眞德秀知泉州,始寬之,驟增至三十六艘。"

宋史卷一六七職官志七,提舉常平茶馬市舶等職條,"孝宗乾道元年(二六五)臣僚上奏福建(泉州)廣南(廣州)皆有市舶。物貨浩瀚,置官提舉,實宜。" 又據日本桑原騭藏蒲壽庚之事蹟一書謂"當時就於支那南海之貿易港中,泉廣二州,尤極盛大,以後公牘,多稱泉廣市舶司以代三路市舶司之名……乾道以來泉廣二州,實主南海之貿易。" 可見宋時泉州之繁盛矣。

5. 密州。 神宗熙寧中,密州置市舶司。

神宗元豐時,范鍔請置密州市舶司板橋鎮抽解務。

元祐三年,置密州板橋市舶司,以通京東河北河東等路貿易。

6. 溫州　孝宗隆興時,兩浙市舶分建五所,此其一。

7. 秀州　今松江。 孝宗隆興時,兩浙市舶分建五所,此其一。

8. 江陰軍　高宗紹興一五年,(一一四五)置江陰軍市舶務。孝宗隆興時,兩浙市舶分建五所,此其一。

以上為置有市舶司之地點.

9. 黎州　孝宗淳熙時,塞外諸戎販珠入黎州,令止商賈百姓收買,禁官吏市蕃商物。

大理互市地,宋史卷四八八"自是大理復不通於中國,間一至黎州互市。"

10. 賓州　大理與宋交通,以此為匯聚地,宋史卷四八八"政和五年詔廣州觀察使黃璘置局於賓州。"

11. 登州　高麗貿易往來之地,宋史卷四八七"神宗七年以前,高麗往返皆自登州。"

12.廉州　宋與交州互市之地。

13.邕州　見下欽州洪砦注。

14.欽州　紹興二年,臣僚言邕欽廉三州,與交阯海道相連,無賴者,販賣人口,貿易金香,以小平錢爲約,請禁之。

欽州爲海北出產沉香貿易匯聚之地。宋范成大桂海虞衡志謂沉香之出北海者,生交阯,及交人得之海外蕃舶,而聚於欽州,謂之"欽香"。又謂"光香與箋香同品第,出海北及交阯亦聚於欽州。"[七七]

15.洪砦　宋史卷四八八,祥符三年交州又請互市於邕州,本道轉運使以聞,上曰,瀕海之民,數患交州侵寇,仍前止許廉州及如洪砦互市。

元代之通商地點如下,已設市舶司者,有七,廣州泉州上海澉浦溫州杭州慶元,後併爲三,爲廣州泉州慶元。

1. 廣州　市舶司仍宋舊制。

2. 泉州　至元一四年,立市舶司。

元史四夷傳"三嶼國近琉球,人民時有至泉州爲商賈者"。宋末元初,泉州亦極繁盛。吳自牧夢粱錄謂"若欲船泛外國買賣,則自泉州便可出洋。"[七八]

3. 上海　至元一四年,立市舶司,由福建安撫司督之,大德時,併入慶元。

4. 澉浦　今海鹽,至元一四年立市舶司,由福建安撫司督之。大德時併入慶元。

唯據樂郊私語謂宋嘉定間,設有騎都尉監鹽課,至元三〇年始置市舶司。[七九]

七七,范成大桂海虞衡志志香條(明古今逸史本)。

七八,吳自牧夢粱錄(知不足齋叢書本卷一二)。

七九,元姚桐壽樂郊私語第一三頁,學海類編本。

5. 溫州　至元三〇年併入慶元。

6. 杭州　至元三〇年併入稅務,無市舶司之置矣。

7. 慶元(四明)今寧波至元一四年立市舶司,由福建安撫司督之。仁宗延祐四年(一三一七)命王克敬往四明監倭人貿易。

明代對外貿易甚多,外商之來華者亦衆。以是沿海各地,多有外船之停泊。未設市舶司之地,卽以海防同知官管理之。茲將通商各口岸,列表於左。

口岸名	市舶司設置年月	所通外洋各國
太倉黃渡鎮(之八〇)	洪武初設置,三年罷。	通高麗日本。
廣州	洪武時置市舶司。	通占城暹羅爪哇浡泥西洋諸國。
泉州	洪武時置市舶司。	通琉球。三佛齊亦來此。
寧波	洪武時置市舶司。	專爲日本入貢帶有貨物交易者。
高州電白縣	正德三年由廣州移此。	通暹羅占城爪哇琉球浡泥諸國。
濠鏡澳門	嘉靖一四年由高州電白縣移市舶司於此,	明代大西洋人貿易根據地。自嘉靖至崇禎年爲佛郎機人貿易之總根據

八〇. 梁任公先生文化史謂太倉黃渡係一市或二市待考查,通考載洪武三年高麗海舶至太倉未提黃渡,恐係二市而屬於一市舶司。野獲編謂太祖初定天下于直隸太倉州黃渡鎮置市舶司

又顧炎武天下郡國利病書卷一一九第一八頁,謂太倉港口開船往日本,亦未提黃渡。

		地,明史及中西紀事海國圖志均載。
交阯雲屯	雲屯即雲南永樂六年(一四〇八)設市舶司。 交阯本秦漢以來中國郡縣之地,宋初封爲郡王,倘受中國官爵,至明孝宗時始封王稱國。	理西南諸國朝貢事。
澎湖	無市舶司	明萬歷時荷蘭人貿易根據地,築城而守。
漳州	無市舶司	福建通志載"正德一二年…是後諸番夷船不來粵潛市漳州"。

清代五口通商以前,雖有四海關之設,以廣州明州泉州上海爲規定之通商口岸,然自乾隆二四年後,江浙閩各海關,即不許貿易。定制,所有番商歸併廣東一港。每年夏秋,由虎門入口。即實際上僅開放粵東一處。故清代五口通商以前之口岸,實僅廣東一處也。

茲將歷代置有市舶司之通商口岸,列表於下。

市舶司所在地	今地名	唐	宋	元	明	清（通商以前）
廣州	廣州	開元時已置市舶	太祖開寶四年置	仍宋舊	洪武初置	康熙二三年置粵海關
杭州（臨安）	杭州		咸平二年九[illegible]孝宗隆興時分建之一	仍宋之舊至元三〇年[illegible]入稅[illegible]		
明州（慶元）	寧波		真宗咸平二年置	[illegible]至元一四年置	洪武初置	康熙二三年置浙海關
泉州	廈門	唐時中西商業地	哲宗元祐二年置	太[illegible]至元十四年置	洪武初置	康熙二三年置閩海關
密州	膠州		神宗熙寧中設哲宗元祐三年置			
溫州	溫州		孝宗隆興時分建	[illegible]年罷考至元三〇年併入慶元		
秀州	松江		孝宗隆興時分建			
江陰軍	常州op江陰		高宗紹興一五年置			
上海	上海			至元一四年置		康熙二十三年置江海關
澉浦	海鹽			至元一四年置大德時併入慶元		
太倉黃渡	太倉				洪武元年置三年廢	
交阯	安南				成祖永樂六年置	
雲屯	雲南				成祖永樂六年置	
揚州	揚州	大食波斯人貿易地				

六　出入口物品

吾國古代之對外貿易,出口方面,自昔卽以縑帛爲最多。漢時,匈奴卽好繒絮食物,常來購買,[八一]一端之縑,可易累金之物。[八二]而西域之安息大秦,亦均有漢繒綵之輸入。[八三]大秦常利得中國縑素,解以爲胡綾紺紋。[八四]唐時,突厥回紇馬匹入口之代價,且均以絹匹付之,約馬一匹,換絹四十匹(每匹四丈)[八五]每次出口多者,以二三十萬匹計,[八六]黨項互市,遠近商賈,亦以雜繒諸貨貿其馬牛。[八七]蓋絲織品自古卽爲吾國之特產,歷代帝王,對于外夷之朝貢,率多以繒帛賞賚之。以是繒帛名聞於外洋最早,而外洋亦樂用中國繒帛而購買之也。宋代杭明廣各州規定,止許以絹帛錦綺瓷器之屬,博易外洋貨品,唯元代貿易,絲綿與金銀銅錢,同爲禁品;大德七年(一三〇三),禁諸人勿以金銀絲綿等物下番,至大二年(一三〇九),又禁金銀銅錢絲綿布帛下海,以是此時絲出頓減,僅對于朝貢者,略有賞賜而已。明時馬市,韃靼等國,亦以絹疋付價,定直四等,上等,直絹八布一二,次半之,下二等,各以一遞減。[八八]清初出口貨內,絲觔紬緞爲最多。順治一〇年(一六五三),曾許琉球購置絲絹,乾隆二四年(一七五九),雖曾有絲觔出洋之禁令,然至二

八一,史記匈奴傳"中行說降匈奴單于……初匈奴好漢繒絮食物"。

八二,桓寬鹽鐵論力耕第二第六頁(四部叢刊本)。

八三,後漢書西域傳"大秦王欲通使於漢而安息欲以漢繒綵與之交市,故遮閡不得自達"。

八四,文獻通考四裔攷卷一六。

八五,唐六典卷三第一五頁,羅錦綾緞紗縠絁紬之屬,以四丈爲匹。

八六,舊唐書卷一九五迴紇"自乾元後屢遣使以和市繒帛,",又貞元六年賜馬價絹三十萬匹,又穆宗二年二月,賜迴紇馬價絹五萬匹,三月,又賜馬價絹七萬匹,又大和元年,命中使以絹二十萬匹付鴻臚寺宣賜迴鶻充馬價。

八七,唐會要卷九八。

八八,橫雲山人集明史稿志六三食貨五第一五頁。

五年(一七六〇),時,又以絲觔須採辦洋銅,復准銅船帶紬緞出洋。蓋向例採買洋銅,係以紬緞絲觔並糖藥等物易之。禁絲出洋,銅之入口,亦受影響。故又於日本採銅船每船,配搭紬緞三三捲。分裝一六船,共五二八捲。每捲,計重一二〇觔,共六萬三千三百六十觔,以作一部份之購銅本銀。二七年(一七六二),英咭利瑞連諸國,亦弛絲禁。仍二五年日本辦銅商船成例,每船配買土絲五千觔,二蠶湖絲三千觔。頭蠶湖絲紬綾緞匹仍禁。二八年(一七六三),琉球亦照英咭唎成例,歲買土絲五千觔,二蠶湖絲三千觔。同時又准噶喇吧等商人配買絲經紬緞,每船配帶土絲一千觔,二蠶湖絲六百觔,紬緞八扣折算。同時又定江浙閩廣各省商船配絲數目,定例如下[89]:

甲.往東洋船十六艘,每艘准配二三蠶糙絲一千二百觔。按照紬緞舊額,每一百二十觔,抵綢緞一捲,扣算。願仍舊帶綢緞者聽。非辦銅船不許帶。

乙.由江蘇往閩粵安南等處商船,每船携帶糙絲,以三百觔為限。

丙.閩浙二省商船,每船准帶土絲一千觔,二蠶麤絲一千觔綢緞紗羅及絲綿照舊禁止。

丁.粵省外洋商船,每船於舊准帶絲八千觔外,准加帶麤絲二千觔,連尺頭總以一萬觔為率。

絲為外洋之所需,為吾國特產之原料品。出口最多,五口通商以後,常占輸出品之第一位,近年來,雖以日絲之競爭,漸趨減少,然在吾國貿易上占重要之地位,自古已然,無可諱也。

八九,皇朝通考市糴門第一七頁。

此外如茶，鐵，皮毛，磁器，砂糖，樟腦，大黃，亦爲出口中之主要物品。茶之輸出由海舶者，雖多，然在清代以前，實以西北方面爲最大銷場。故有所謂茶馬交換政策者。茶馬交市，盛於宋明兩代。宋初尚聽人民自由販賣。熙甯以後，始漸採獨占主義。於秦州鳳州燕河等地，置茶馬司以管理茶馬之交易。明代西寧有茶市，亦以茶馬司爲唯一之交換機關。其時內地茶之出產，有官茶，商茶，貢茶，之名，官茶，卽所以貯邊易馬[九〇]，卽用以輸出國外者。以是開海禁以前，茶之陸路出口，以此二代爲最盛。清初西北方面，亦有大宗輸出，有五茶馬司之設，順治時，陝西以茶易馬之例，上馬給茶一二篦，每篦一〇斤，合計百二十斤。中馬，給茶九篦，九十斤。下馬，給茶七篦，七十斤。順治一八年(一六六一)時，達賴喇嘛及干都台吉於北勝州互市，亦以馬易茶。至於海路茶斤之出口，每歲有四五十萬之[九一]多。與大黃同爲出口品中之占重要位置者。其時西洋各國，市大黃於粵，每國限以五百斤。而沿邊督臣章奏，常有禁絕茶葉大黃，可以制外夷之命等語。澳門月報亦載貿易中貨物之利於人並利於稅餉者，舍茶葉外無勝於此[九二]者。美國商船之初次來華(乾隆四九年，西歷一七八四)，亦係購茶目的。可知其重要矣。此外如鹿皮，白糖，出口往台灣者亦多。如康熙時，每歲台灣採買鹿皮，有九萬張，白糖有二萬石[九三]。此出口之大略情形也。

故吾國通商以前，歷朝出口品中，以絲茶兩項爲最盛。茶以陸路出口爲最多，絲則占海路出口之大宗。二者出口之多，其主要原因，一方面固由於吾國此種特產之久享盛名，爲

九〇，明史食貨志，茶法。
九一，海國圖志，卷七八，第四頁。
九二，海國圖志，卷八一，第八頁。
九三，福建通志，卷二七，第九頁。

外人所樂用，一方面，亦由於歷朝禁止銅錢出口之影響。如唐玄宗開元二年（七一三），令金鐵不得與諸蕃互市。德宗建中元年（七八〇），令銀銅奴婢等，不得與諸番互市。貞元初，（七八五）又禁行人以一錢出駱谷散關。（陝四）宋南渡後，金銀銅錫幣之出境，法禁亦嚴。元時亦嘗禁金銀銅錢下番互市，禁錢出口，於是本國出產甚多之絲茶，遂常用以易番貨矣。

沿海各州入口貨品，爲乳香，象牙，珠玉，香藥，指環，瑪瑙，猫兒眼睛，象笏，沈香，丁香，白荳蔻，胡椒之類，而以乳香爲最盛。宋時，茶鹽礬之外，乳香之爲利最便。以官爲市，打套給賣。神宗熙寧一〇年（一〇七七）時，杭明廣三州市舶司，所收乳香三十五萬四千四百九十八斤。高宗建炎四年（一一三〇），泉州抽買乳香一三等，八萬六千七百八十觔有奇。建炎六年（一一三二），福建市舶司言，大食番客所販乳香，值三十萬緡。廣州且有香藥庫使之設。[九四] 可知其爲數之巨矣。沈香入口，有廣東香，自占城賓瞳舶上而來。有廣右香，產海北，即欽香。有海南香，品最上。[九五]

清初，乳香似已不占重要位置。而入口貨中之占大宗者，厥爲米及銅。而於米之入口，獎勵尤甚。蓋米爲民食之本，江浙各省，人口繁殖，供給不多。而暹羅米價甚低。故清廷爲救濟災荒，平準米價計，對於米之輸入，特別提倡。獎勵之法，第一爲免稅，如康熙六一年（一七二二），以暹羅運米三十萬石至福建等省，特免徵稅。雍正六年（一七二八），准暹羅商人運載米石在廈門發賣者，免其納稅，並著爲例。乾隆七年（一七四二），暹羅商船一，載米四千三百餘石，又一

九四，　宋史張遜傳遷香藥庫使。

九五，　宋范大成桂海虞衡志志香條（明板古今逸史本）。

船,載米三千八百餘石,特免貨品,十分之三。八年（一七四三）,又定外洋帶米商船免貨稅之例,自本年始,定例外洋貨船來閩粵等省貿易,帶米數量,在:—

一〇,〇〇〇石以上者	免貨稅銀十分之五
五,〇〇〇石以上者	免貨稅銀十分之三

次之,則為給官獎勵,如乾隆三九年（一七七四）定例,凡內地商民赴暹羅等國運米回閩,數目在:——

一,五〇〇——二,〇〇〇石	給九品頂戴
二,〇〇〇——四,〇〇〇石	給八品頂戴
四,〇〇〇——六,〇〇〇石	給七品頂戴
六,〇〇〇——一〇,〇〇〇石	給把總職銜

未加至把總者,照米數加,至把總者,另法獎賞。

同時復用勸導之方法,如乾隆二年（一七三七）,諭往南洋各船回棹時,多載米,其定例如下:

	（大船帶米數）	（中船帶米數）
一,往暹羅者	三〇〇石	二〇〇石
二,往噶喇吧者	二五〇石	二〇〇石
三,往呂宋,柬埔寨,馬辰,柔佛者	二〇〇石	一〇〇石
四,往石塘仔,六崑,安南,宋腒朥,蘇祿等國者。		一〇〇石

獎勵及勸諭之結果,常有大宗谷米之輸入。考外米來華後,按市價發糶。若民間米多,則由官收貯作兵糧,或補常平社倉。放米糧入口,需要繼續,未見停滯。而於國內市場物

價，亦未有何等大影響也。

次於米者，爲銅，銅之用途，多爲鼓鑄錢幣。最大之來源，則爲日本。乾隆時，商人往日本易銅，回棹分解各省，以資鼓鑄者甚多。每年共辦銅二百萬觔，所需銅本銀，三十八萬四千餘兩，專往日本運銅之船，有一六艘，可謂盛矣。

中外交通小史

中外交通小史

向達 著

民國十九年上海商務印書館鉛印本

中外交通小史

向達著

百科小叢書

作者贅言

中外交通史這個題目太大了，並且也太廣了：在時間方面既然須上下幾千年，在空間方面也得要縱橫九萬里。不僅要述到中外政治上的交通，即在文化方面小而至於名物度數之微，大而至於思想世運之轉，都不能不為之一一標舉，溯其流變。這不是這一本中外交通小史所能包舉無遺的，也不是如我這樣淺學所能率爾操觚，以來著作這樣廣博的書的。

我以前讀 Henry Yule 編譯和 Henri Cordier 修訂過的 Cathay and the Way Thither 這一部書的時候，很是心服。書中關於中古時代西方人士說到中國或親自到過中國的寫成的紀行之作，收羅很詳，（馬哥孛羅游記別有專書，故未放入），考證也極詳審。第一册為導言，專言好望角航路尚未發見以前中西交通的概況，提綱挈領，頗為得要。我因以此册為張本，寫成這一部中外交通小史。不過我也不是完全據此書，此書只詳中國同西方的交通，於中國文化的東被及南傳既不着隻字，於中外交通在文化上的收穫，也沒有提及；又於明清之際中西文化上的交通，更屏棄不道，對於這些處所，我都就我所知，爲之補充。至於各時代的交通路線，則就中國史籍所紀爲之摘錄，列於附注之內；偶有可以補充正文的也列入附注。所以這部小書其實就是一部中外文化交通小史。

自然，以上下幾千年縱橫九萬里的中外交通史，實要歸納到不滿四萬字的小册子裏面，掛一漏萬和敍述失當，這還待說。不過我一方面總很願意使這一本小册子對於讀者多少有點補益，一方面我對於我自己的錯誤，並不想文飾，而希望有人肯賜以教正！十九年四月十日作者述於上海。

中外交通小史

目錄

中外交通小史

緒論

所謂交通史有兩個意義：一是就交通制度的本身而言，如中國歷代交通器具的變遷以及交通時間的縮短，都是這一類交通史中討論的資料；一是就這一個地理單位同又一個地理單位在各時代交往的情形及其影響而言，如中國同日本歷代往來的梗概，和其在文化上所激起的變革，那是這一類交通史所要討論的。所謂中外交通史當然是屬於後一類的。

中國的文化自來都以爲是孤立的，不受外來影響的。但是從十九世紀末葉考古學和比較語言學興起以後，考古中亞的前仆後繼，在那裏所發見的古文化很多，中國同其他文化錯綜糅雜的痕蹟到處可見。又自所謂世界史(universal history)的意義闡明以後，讀史的人纔知道這一民族在歷史上所發生的大變動往往影響到其他民族的興盛和滅亡，如匈奴民族之西徙，就是一個例證。所以中國的文化並不是孤立的。不僅各時代環繞中國的其他民族想同中國交往，就是中國自己也不絕地有人抱着玄奘法師『發憤忘食履險若夷輕萬死以涉葱河重一言而之柰苑』的精神，去深入他國。魏、晉以後，印度的佛教東來中土，始則尚有主客之分，終則竟成連雞之勢。佛教的思想竟侵入中國的各方面而不能辨別。隋、唐以後，中國的文化又渡海東去傳入日本，大化維新，於是日本的一切無不模倣唐風。至於六朝以及遼、金、元時代，北方民族同化於中國，於是中國民族中又驟然添了不少的他民族的成分在內。元、明以後，中國同西洋又相接觸，卒之有今日之局。凡此皆可以見中國文化實無時無刻不與他民族發生關係。

因爲考古學同比較語言學興起，中國文化同其他民族的關係逐漸明瞭，同時中國文化同民族的來源問題，一時也成爲討論的中心。有的以爲中國文化是起於本土民族也是土著；有的以爲文化同民族都是從其他地方遷徙過來的。後一說中又分西來南來諸說。聚訟紛紜，至今未有定論。最近，瑞典人安特生（J. G. Andersson）考古的發見，西來說又死灰復燃，新進的學者且有主張殷墟文字也受有外來的影響的。

因爲西洋學者對於中國民族同文化的來源有西來諸說，恰巧清朝末葉民族主義勃興，遂有不少的中國學者借着這種新來的學說爲他們的政治主張；且最先不過一種手段，入後竟翕然附和。相傳爲先秦古書，如穆天子傳逸周書王會解等等，此時都有人爲之加一種新的解釋，以爲可以考見古代中國同西方的交通；並舉其他種種史實以爲可以證明中國文化同民族之爲西來。同時也有不少的學者對於這種主張加以非難反駁的。

自然，這兩派議論都各有其立場，不過要求解決，還得等待中國的考古學大盛，地下掘出的實物一多，方纔可以得一近乎正確的解答。不過這種議論都不是本書的篇幅所能說及的，所以我對於這一種學說概從删落，只就文獻和實物上確實有據的爲之擇要敘述。民族和文化的起源，應該留待中國民族史一類的書籍去研究。

我這部小史斷限始於張騫之通西域，止於乾隆之禁西教。其所以始於張騫之通西域，是因爲自漢武帝時代以後中外交通方纔有正確的史料可以遵循。至於止於乾隆之禁西教者，則因爲以前的中外交通，大都是霧裏看花，不甚明白，一直到乾隆時猶是如此。雖是朝代屢易，這一點觀念卻未變更。乾嘉以後，中外交通的形勢起一空前的變革，外國正式以武力壓迫到中國的本部，使中國覺悟到外力的可畏。道光鴉片一役，門戶洞開，遂成曠古未有的局面。所以乾、嘉以前，中外的交通大都是以中國爲主體，乾、嘉以後，中國時時處於被迫的地位，無由自主；最後不得已而放棄幾千年的傳統思想，以迎受外來的文化。僅僅一世紀間，中國在文化上所起的變革，其急劇竟爲前數千年所未有。所以本書時期以乾隆禁止西教爲止，以爲是一個天然的分限。至於乾、嘉以後，以至於今，自當別有一部中國近代新史來闡明其中的過程和可以興慨的變革。那是後話，不在本書的範圍之內了。

第一章 希臘羅馬與中國古代的文化交通

在西元前第四世紀的時候，希臘亞歷山大大王（Alexander the Great）秉着一股的雄心，想征服世界東征波斯以後繼着揮軍東進侵入印度北部，到印度河口看見那茫茫一遍的水勢，誤會是世界盡頭，不禁撫髀興嘆，以為無用武之地。後來因為敍里亞發生變故，匆匆趕了回去，不幸一場熱病將這位蓋世人豪葬送了去。征服世界的偉業就此如鏡花水月；然而卻發生了一點別的影響，便是希臘人在中亞建立國家。這些希臘人大都是歷山大王的將卒，如建立大夏的塞琉古（Seleucid）等，即是一例。希臘人既在中亞建國，希臘的文化自然也隨之東來。

中國在西元前第三第四世紀時，秦國僻處西陲，聲勢極盛。到漢武帝時候，國勢甚盛，很想開拓邊境，南平閩越，北拒匈奴，張騫鑿空。於是中國始知流沙以外的西域，還有更廣大更富庶的地域。西域諸國也因此很震動於漢家的文明，同時西洋方面羅馬繼希臘而起，聲威也及於中亞一帶。於是中亞乃成爲當時東西文化交匯的樞紐。自此以後，中國與羅馬的史家時時有紀述西國的文字發現。中國史上並紀載羅馬使臣至中國的事。漢代中國人稱羅馬帝國爲大秦，又稱之爲犂靬，其實都是羅馬帝國的別名。

中國人足蹟曾否到過羅馬帝國的本部，現無可考。後漢書西域傳說甘英使大秦，抵條支臨大海欲度，爲安息西界船人所阻而罷。可是中史所紀大秦使者及賈人眩民之屬到中國來的卻不少。漢桓帝延熹九年（一六六），大秦王安敦遣使自日南徼外來獻，這裏的大秦王安敦就是羅馬皇帝 Marcus Aurelius Antoninus（121－180）。安敦於一六五年征服波斯，使者到中國在一六六年，路途遼遠，所以至漢土時，要在安敦征服波斯後一年了。其後到晉太康中（二八四—二八五），大秦王又曾遣使來獻，有人說晉書大秦傳的大秦王就是 Casus(282－283)。Casus 以二八三年克波斯，則 Casus 遣使中國在事實上是辦得到的。後漢書西南夷傳並說漢安帝永寧元年（一二〇），撣國王雍由調獻海西幻人，海西即大秦，撣國在今安南北部。撣國西南通大秦；當時印度與大秦、安息的海上貿易也很盛。漢時中國與印度諸國的海上交通，頗爲頻繁。漢書地理志曾雜記自日南、障塞、徐聞、合浦船行所至的國名，其中的黃支國即印度的建志補羅（Kanchipura），並專設有管理通商的譯長屬於黃門，因為中國與印度、安息的海上交通很便，是以吳孫權黃武五年（二二六），有大秦賈人至中國貿易的事。梁書海南諸國傳說大秦國人行賈往往至扶南日南、交阯，這一定是很確的。漢書地理志張掖郡有驪靬縣，此外有隴西郡的大夏縣和上郡的龜茲縣，都是為處置歸義降胡而設，而漢時羅馬帝國與中國交通之盛，於此也可概見。

西洋古代載籍中紀述及於中國的也很不少，那時外國稱中國有兩個稱呼：一是由秦國蛻出的支那（China）；一是由絲繒而得名的 Seres。秦服西戎，聲威遠振，所以到漢武帝時，大宛還稱中國人為秦人。一方面中國的繒綵頗為西方諸國所重，安息為要壟斷中國的繒綵貿易，竟至阻止中國與羅馬的交通；漢武帝時遣使者自日南、障塞、徐聞、合浦遵海通諸國，即多齎繒綵以行；所以稱中國為 Seres 者，即絲國之意也。西元前四百年左右，希臘 Ctesias 書中述及 Seres；西元前五四年左右，羅馬地理學家 Strabo 也曾轉述其說，此後如 Pomponius Mela de Situ Orbis，如 Publius Virgilius Maro，如 Guintus Horatius Flaccus，如 Sextus Aurelius Propertius，如 Silius Italicus，如 Publius Ovidius Nasa 諸詩人俱曾述及中國，或作 Seres 或作 Seras，或作 Sericus。羅馬 Pliny 所著博物誌（Natural History）亦及中國。西元後一五〇年左右，羅馬大地理學家 Ptolemy 的地理學中紀有 Seria 同 Sinæ 兩國，Seria 國都爲 Sera；Sinæ 國都爲 Thinæ。Seria 在 Sinæ 的北方。其實這兩者都是中國。由陸路傳到西方的中國就不爲 Seria，從海道傳到西方的中國就名爲 Sinæ。此外說到中國的也還不在少數。西元後兩世紀左右，羅馬還有一位史家名 Florus 的，著羅馬史略的書中說及奧古斯都（Augustus）皇帝卽位的時候，各國來朝；來朝的各國中，卻有 Seres 一國。這大約也是商人之流遠至羅馬，羅馬史家不察，遂以爲是中國貢使了。

據中國同西方的載藉所紀，中國同羅馬在往古既曾互相知道；中亞地方希臘人又曾建立國家，與中國勢力接觸過；所以在文化方面的交光互影，是勢所必至的了。近代西洋學者研究中國歷史的，一天多似一天，中國民族和文化的來源，一時成爲討論的中心。其中因此有一派人主張中國的文化受有希臘的影響。一九〇二年，英國翟理斯（H. A. Giles）在美國講學，其講稿後刊成書名中國與中國人（China and the Chinese），內中第四講爲中國與古代希臘，就是說中國古代文化蒙有希臘的影響的他歷舉中國文化與希臘相似之點爲兩國文化有關係的論證，以爲文天祥正氣歌的殺身成仁的精神，正是荷馬（Homer）史詩伊利亞得（Iliad）中 Sarpendo 鼓勵 Glaucus 慷慨赴義的縮影。他如中國的傀儡戲、眩人、猜枚、刻漏、樂律、歷象等等，翟氏以爲都是傳自希臘。張騫通西域攜回的葡萄就是希臘文 Bótpus 一字的譯音，傳流至今的海馬葡萄鏡，也就是希臘的遺製。

正在那個時候，日本有位學者名飯島忠夫，也倡中國文化導源希臘之說，與翟理斯成桴鼓相應之勢。飯島氏在東洋學報上發表了不少的文章，發揮他的主張，後來總集爲支那古代史論一書。飯島氏的議論比翟氏更爲縝密透徹，他研究中國古代的天文學，結論以爲中國的古曆同西元前三三〇年希臘所行 Calippus 曆制定的根據觀測的年代週期的計算全然相同。木星週期的分配，起點的採取，以合於實際的方法，同印度古曆一致。巴比倫於西元前三一二年始關於五星的位置，都詳記於楔形書中；其開始的年代與中國印度恰相符合。中國古曆之冬至點在牽牛初度，和希臘巴比倫的春分點在 α Arietis 附近，冬至點在 β Capricorni 附近，也是一致。中國與希臘、巴比倫、波斯、印度都以木星配最高的神祇。西元前四世紀後半期，自巴比倫傳至希臘的占星術同中國古代所有的占星術，其理論的根據都是一樣。中國太一陰陽之說同希臘哲學家 Heraclitus (c.C.B 500) 的類型說有點彷彿；五行說以五元素與五天帝相結合，和希臘哲學家以五星與五天神相結合的五元素說也很類似。中國易經用數學的方法來說明宇宙組織的道理，同希臘 Pythagoras 所主張者相同；中國的音律又同希臘 Pythagoras 諸人的學說相同。而中國施行這種曆法以及音律等等都比希臘來得晚；希臘那時的勢力已到中亞的大夏；中國與希臘在古代都曾彼此知道。飯島氏根據此點，遂以爲中國古代的文化的確受有希臘的影響，卽是儒家的經典也不無帶有希臘的色彩。

說到中國的文化同民族，以爲完全出自西方，或者竟說是導源希臘，這個問題未免太大。文化同人種的發源到底是一元還是多元，至今還無定論。不過依一般人的意見，在同一的環境之下，人類每可以發生同一的文化。所以主張中國古代文化的自發說者也不乏其人，如日本的新城新藏，便是反對飯島忠夫的一個最有力者。但是中國的文化到了兩漢以後，因爲同西域交通，其中受希臘影響的或所不免，如海馬葡萄鏡的圖案可算是與希臘相同的一個例證；不過葡萄一辭，乃是出於波斯，並非傳自希臘。至於間接受希臘影響而後來流傳很盛的，還有犍陀羅一派的佛教美術，這也可以算是希臘文化東傳的一點餘波。

犍陀羅美術發生的期限，約在西元前後以至於西元後四百年左右。犍陀羅（Gandhara）本是印度西北一地名，都城名丈夫城（Purusapura）。印度北部此時正在大月氏貴霜王朝的治下，文學美術，一時稱盛。犍陀羅一派的雕刻與印度以前所有者全然異趣，而爲受有希臘影響的作品。據近人的研究，犍陀羅雕刻約有五點可以看出與希臘的關係：（一）雕像風格，酷似希臘、羅馬作品；（二）顏貌衣服屣等，皆印度所未有，純然爲希羅式；（三）衣服雕法仿自西歐，與印度原有之雕像不同；（四）人像衣褶描以寫實的曲線，中心點偏於右肩。當時建築雕刻之中多見此種趨勢；（五）柱頭多屬哥林多（Corinth）式。

當大月氏貴霜王朝的時候，佛教傳播極盛，爲佛教崇拜對像的雕刻也隨之俱去，這種美術東播所到的第一站就是今日的新疆，卽是往日號稱西域的地方。一九〇七年至一九一四年，德國土魯番考古隊(Turfan Expedition)到新疆考古經 Le Coq 同 Grünwedel 兩教授的努力發見了很多的佛像同壁畫，其中爲犍陀羅作風的頗屬不少；有許多壁畫中所繪的胡人竟然與歐洲人一般無二。Grünwedel 先曾假設希臘風的犍陀羅曾流傳到西域一帶，至此居然覓得實物爲之證明。至於中國本部是否有犍陀羅美術的痕蹟，現今一般東西學者都還聚訟未決。可是說中國佛教美術史時，我們總還記得有兩句話叫做「曹衣出水，吳帶當風」。曹就是曹妙達，吳就是吳道子；出水表示緊促，當風表示飄逸。緊促束身，幾乎可以現出身體的曲線，這是注重人文主義的希臘的作風，也就是犍陀羅美術的一點特徵。所以說希臘美術間接的影響到中國的美術，並非是無稽之談。

以上所說中國同希臘、羅馬的交通，大都是隋唐以前的現象。唐、宋以後，中國史籍上仍然時見大秦之名，如宋史拂菻傳說元豐四年十月(一〇八一)，其王滅力伊靈改撒始遣大首領你廝都令廝孟判來獻鞍馬刀劍眞珠；元祐六年(一〇九一)，其使兩至。明史拂菻傳說拂菻卽大秦，元末，大秦國人捏古倫入市中國，元亡，不能歸，明太祖洪武四年八月召見，命齎詔書還諭其王。

中國史所紀述的羅馬帝國名稱歷代不同，張騫通西域稱之為犂軒，後漢書作大秦、唐宋以後，諸史稱為拂菻。有人以為漢時的大秦，的是指定都羅馬的羅馬帝國而言；唐宋以後的拂菻指東帝國而言；明史又明說大秦為古如德亞地。無論如何，中國史上的大秦、犂軒、拂菻，都是指的羅馬帝國，卻是確實的。至於元朝教皇遣使宣化中國，明季耶穌會教士到中國來重振宗風，以後別有專章述此。

附註

漢、魏間古史時時述到從中國通西方大秦，或大秦與東方相通的路徑。現為撮錄一二如次：

漢書地理志『自日南障塞徐聞合浦船行可五日有都元國；又船行可四月有邑盧沒國；又船行可二十餘日有諶離國。步行可十餘日有夫甘、都盧國。自夫甘、都盧國船行可二月餘，有黃支國，民俗略與珠崖相類。其州廣大，戶口多，多異物。自武帝以來皆獻見。有譯長屬黃門與應募者俱入海市明珠璧流離奇石異物。齎黃金雜繒而往，所至國皆稟食爲耦。蠻夷賈船轉送致之，亦利交易剽殺人；又苦逢風波溺死，不者數年還。大珠至圍二寸以下。平帝元始中，王莽輔政，欲耀威德，厚遺黃支王，令遣使獻生犀牛。自黃支船行可八月到皮宗，船行可二日到日南、象林界云。黃支之南有已程不國，漢之譯使自此還矣。」此處的黃支國，據日本藤田豐八考證，即大唐西域記中之建志補羅（Kanchipura），很可信據。

三國志魏志引魚豢魏西略戎傳：「大秦道既從海北陸通，又循海而南，與交阯七郡。外夷東北又有水道，通益州、永昌，故永昌出異物。前世但略有水道，不知有陸道。今其略如此。」

梁書海南諸國傳：「中天竺國西與大秦、安息交市海中；多大秦珍物、珊瑚、琥珀、金碧珠璣、琅玕、鬱金、蘇合。漢桓帝延熹九年，大秦王安敦遣使自日南徼外來獻，漢世唯一通焉。其國人行賈，往往至扶南、日南、交阯。其南徼諸國人少有到大秦者。」

第二章　中國與中亞

中亞是現在地理學上的一個名辭；凡是裏海以東，波斯、印度、中國本部以北，以及西伯利亞以南的一段地域，都可稱爲中亞。就狹義說來，中國史上的西域可說是相當於今日的中亞地方。

中國和中亞的交通，爲時自然很古，有人說先秦古籍中的渠搜析支，都在今中亞俄屬土耳其斯坦境內。山海經穆天子傳中的地理知識都很廣博，往往道及流沙以外的國家。不過這種古書的時代，是否屬於先秦，還係西漢的作品，至今尚無定論；不能據以說先秦的地理知識已到流沙以外。

中國對於西域的認識，確然有據的還是始於漢武帝時張騫之鑿空；那時西域諸國爲數有三十六。到哀平之際，漸分至五十餘。建武以後，以至於魏，所餘不過二十餘國。北魏太延中董琬等使西域，已稍相併爲十六國，其後併合無常，更難盡記。這裏所說的西域諸國，大都在今中亞一帶。

漢時西域諸國爲數雖多，然以那時候匈奴雄長北地，所有諸國大都役屬匈奴，神爵以後（西元後六一以後），匈奴內訌，日逐王降漢，西域諸國遂各自分割。王莽時，中國勢力不能顧及，又爲匈奴所役。和帝永光初年（四三），竇憲大破匈奴，三年（四四），班超平定西域諸國又復內屬。其後與中國的交通，總是時斷時續。隋末天下大亂，突厥崛起西陲，於是西域諸國又屈居於突厥的壓迫之下。突厥爲唐所敗後，回鶻繼起稱霸西陲。（回鶻之勢，到元朝的時候，猶自存在，其時西遼建國，西域形勢因而改觀。）唐中葉時候，阿拉伯人聲勢大盛，葱嶺以西，多受回回教人的卵翼，於是唐朝與阿拉伯的勢力竟在西域地方相接觸了。

中國同西方的交通，最先接觸的地方，便是今稱中亞細亞的西域。據上面所說，中國在先秦時候，與中亞似乎即有交通，不過不甚明顯。漢武帝的時候，張騫鑿空，西域方正式與中國交通。張騫之後，中國與西域的交通日趨頻繁：李廣利伐大宛，漢宣帝時西域南道諸國俱歸於漢，神爵後，漢置西域都護，後漢時，班超又定西域，五十餘國一時都納質內屬於漢。苻秦時，呂光平西域，漢家聲威又振。隋煬帝時令裴矩於武威張掖間以利誘啗西域諸國，至大業中相率來朝者又有四十餘國。唐時大食勢盛，天寶十載，高仙芝西征怛邏斯，唐家兵力及於今俄屬中亞一帶。蒙古興起，橫掃宇內，中亞細亞俱入其版圖。元亡，中亞也與中國日漸分離。明成祖時，遣陳誠使西域，在近古史上，這要算中國與中亞交通最後的一次了。

中國同中亞交通的結果，中亞有許多事物因此流入中國；而自中國流入中亞的也未始沒有如李廣利攻貳師城，城中獲得秦人善鑿井，城因而久攻始下，可見鑿井之術，實自東方傳入西土。自中亞傳入中國的，如釀葡萄酒法，即是一端，最著者要算摩尼教的傳入。

摩尼教（Manichæism）爲西元後三世紀左右波斯人摩尼（Mani）所創。糅雜火祆教基督教佛教而成，創二宗三際之論。其教不容於波斯，反東傳以盛於中亞一帶。摩尼教之入中國，據陳垣所考，約在唐武后之時。其後回鶻崛起西域，崇奉摩尼教甚力；唐至德以後，遂因回鶻的勢力而大盛於中國，那時的唐朝很有一點世界的精神，無論那一種宗教，都兼收並蓄；於是長安一城幾成爲世界各教的博物館，其中乃有摩尼教的大雲光明寺。其他各處也建有摩尼教寺，不僅摩尼教寺散布各處，唐時的道家也無形中受了摩尼教的影響，這是中國宗教史上可以紀念的一點。

附註

中國歷代與西域交通的路線，據諸史所紀，代有不同。今爲輯錄如次，也可以看出其中的一點變遷。

漢書西域傳：『自玉門陽關出西域有兩道。從鄯善傍南山北波河西行，至莎車，爲南道。南道西踰葱嶺則出大月氏安息。自車師前王庭隨北山波河西行，至疏勒，爲北道。北道西踰葱嶺則出大宛、康居、奄蔡、焉耆。』

三國志魏志引魚豢魏略西戎傳：『從燉煌玉門關入西域，前有二道，今有三道。從玉門關西出，經婼羌轉西越葱嶺，經縣度入大月氏，爲南道。從玉門關西出發都護井回三隴沙北頭經居盧倉，從沙西井轉西北過龍堆，到故樓蘭，轉西詣龜茲，至葱嶺，爲中道。從玉門關西北出經橫坑，辟三隴沙及龍堆，出五船北，到車師界戊己校尉所治高昌，轉西與中道合龜茲，爲新道。』

魏書西域傳：『其出西域本有二道，後更爲四。出自玉門度流沙西行二千里至鄯善爲一道。自玉門度流沙北行二千二百里，至車師，爲一道。從莎車西行一百里至葱嶺，葱嶺西一千三百里，至伽倍爲一道。從莎車西南五百里，葱嶺西南一千三百里至波路爲一道。』

隋書裴矩傳引矩撰西域圖記序：『發自燉煌，至於西海，凡爲三道，各有襟帶。北道從伊吾經蒲類海、鐵勒部、突厥可汗庭，度北流河水，至拂菻國，達於西海。其中道從高昌、焉耆、龜茲、疏勒度葱嶺，又經鏺汗、蘇勒、沙那國、康國、曹國、何國、大小安國、穆國，至波斯，達於西海。其南道從鄯善、于闐、朱俱波、喝盤陁，度葱嶺，又經護密、吐火羅、挹怛、帆延、漕國，至北婆羅門，達於西海。其三道諸國亦各自有路南北交通。其東安國、南婆羅門國等，竝隨其所往，諸處得達。故知伊吾、高昌、鄯善竝西域之門戶也。總湊燉煌，是其咽喉之地。』

第三章　中國與伊蘭文化

伊蘭二字，指古波斯而言。張騫通西域，所知道的地方有安息與條支，這都在今波斯境。兩漢時代，安息稱盛，現在的波斯和阿美尼亞(Armenia)地方，都爲安息所有。三國以後，安息勢衰，Ardashir 稱王，是爲波斯薩珊王朝（Sasanids）太祖。至於本章所說的伊蘭，廣義說來，波斯同阿美尼亞都在其內。

張騫通西域以後，漢朝的兵力竟及於大宛，至今葱嶺以西的地方，漢朝使節抵安息、奄蔡、犂靬、條支、身毒諸國。漢時，中國與西方的絲繒貿易很盛，而以安息爲其樞紐。後漢和帝永元九年（西元後九七）都護班超遣甘英使大秦，即曾經安息境內。永元十三年（一〇一），安息王滿屈獻獅子及條支大鳥，所謂滿屈，據說即是安息王 Pakor 二世。Pakor 二世卒於九七年至永元十三年爲西元後一〇一年，滿屈猶獻物，這大約是貢使路途遷延，否則便是中國史家誤記了。漢時不僅安息進獻貢物，並且滿屈的兒子還到中國，傳佈佛教，這就是中史上有名的安世高。到蕭梁的時候（中大通二年西元後五三〇）波斯又曾同中國相通過。前乎蕭梁，在北魏時（神龜中約當西元後五一八至五一九）也曾到中國獻過方物。周天和二年（五六七），安息又曾遣使朝貢。隋煬帝的時候，很有志於經略西域，使裴矩於燉煌招致諸番，又遣雲騎尉李昱使波斯。到了唐朝，波斯先後爲突厥、大食所滅，波斯王子卑路斯家破國亡，無可如何，只有奔歸唐朝。卑路斯即 Perozes or Piruz。唐朝雖以疾陵城爲波斯都督府，仍然無裨大局，波斯西部陀拔斯單勉強支持，旋爲黑衣大食（Abassides）所滅。卑路斯死後，其子尼涅斯（Narses）矢忠唐室，唐遣高仙芝率兵往爲之復國。天寶十載（西元後六七九），高仙芝兵敗怛邏斯（Taruz）城，尼涅斯奔吐火羅，後仍至唐。那時候有一位杜環隨高仙芝軍西征，兵敗被虜，遊歷西域諸國，後從大食乘賈舶自南海歸國，他著有經行記。此書現雖不傳，尚有幾條散見羣書，還足以考見當時西域的史事呢！

不僅中國人到過伊蘭，中國史籍紀載到伊蘭，就是伊蘭的古籍中也曾述及中國。西元後四四〇年左右有一位 Moses of Chorene 所著書中道及中國，稱之爲 Jenasdan，這一個名辭是從印度的 Chinistan 得來。書中說中國人民和善，富產絲綿之屬。Sinæ 國卽在其國的附近。書中又說當西元後二世紀時，還有一些中國人流寓在阿美尼亞。那時阿美尼亞人稱中國皇帝爲 Jenpagur。後來阿美尼亞流寓的中國人，逐漸成爲土著，其中有一族名爲 Jenpakuriani，據說乃是表彰他們之爲中國皇帝的苗裔，因取此名的呢。書中又說在薩珊王朝太祖 Ardeshir 的晚年，中國國王爲一名 Arpog 者。其一子名 Mamkon 忤父王意，逃至波斯，中國追兵繼至，Mamkon 不得已逃到阿美尼亞，阿美尼亞王 Tiridates 乃以 Daron 省賜中國王子及其從人。阿美尼亞的 Mamigonians 族，據說就是中國王子 Mamkon 的苗裔；阿美尼亞的史家都衆口一聲，主張此說。大約卽在此時中國皇帝遣使西來與波斯的 Ardeshir 同阿美尼亞的 Khosru I 通好；而阿美尼亞 St. Gregory 的兄弟 Suren 也因事逃到中國。這些話可靠與否，很是難說，不過這種傳說後面之隱有一段交通的史實，則是大約可決的了。當 Kobad 的兒子 Naoshirwan 在位的時候，中國皇帝又曾遣使臣到波斯來修好，使者曾攜厚禮，獻諸波斯。

以上這一大段故實，不見中國史籍。到了西元後六三八年，薩珊王朝最後一王 Yezdijerd III

在位的時候，以不堪大食的壓迫，遣使至中國乞援。這一件事中國同波斯的史籍都曾紀載着，中史稱之爲伊嗣候，大約卽是 Yezdijerd 的音譯。中國同伊蘭的交通到此方始可以互相印證。

附註

中國同伊蘭在文化上的交通方面很廣；論中外文化交通同中國文化關係最密的，印度而外，就要算伊蘭了。美國芝加哥博物院人類學部主任 Barthold Laufer 博士著有 Sino-Iranica 一書，言中國對於古代伊蘭文化史上的貢獻，其中說及有苜蓿、葡萄、阿月渾胡桃、石榴、胡麻、亞麻、胡荽、黃瓜、豌豆、蠶豆、番紅花、鬱金、燕支、茉莉、鳳仙、胡桐淚、刺蜜、阿魏、黏齊、無食子、木藍、胡椒、訶黎勒、金桃、蒔蘿、波斯棗、菠薐、菾菜、萵苣、蓖麻、巴旦杏，無花果、齊墩果，阿勒勃、水仙、阿勃參、胡蘆巴、番木鼈、胡蘿蔔等植物，多自波斯傳入中國。此外還有蘇合、沒藥、青木香、安息香、等。其他如波斯錦以及寶石五金等還很多。自中國傳入伊蘭的，有邛竹杖、絲、桃、李、桂皮、黃連、蜀葵、土茯苓、紙幣、等等。

自波斯傳入中國的還有火祆教（Zoroastrianism）。陳垣火祆教入中國考，述之甚詳，現只略取數語：『西歷紀元前五六百年，波斯國有聖人曰蘇魯阿士德（Zoroaster），因波斯國拜火舊俗，特倡善惡二原之說，謂善神清淨而光明，惡魔汚濁而黑暗，人宜棄惡就善，棄黑暗而趨光明；以火以光表至善之神，崇拜之，故名拜火教。因拜光又拜日月星辰，中國人以爲其拜天，故名之曰火祆。西歷二百二十六年，波斯國薩珊王朝定火祆爲國教，一時盛行於中央亞細亞。南梁北魏間始名聞於中國，北朝帝后有奉事之者，謂之胡天。六百二十五年大食國滅波斯，佔有中央亞細亞，祆教徒之移住東方者遂衆。唐初頗見優禮，兩京及磧西諸州皆有祆祠；祆字之由來，卽起於此際。會昌五年（西八四五），武宗毀佛，斥外來諸教，火祆與大秦，均受株累。武宗沒，禁漸弛，五代兩宋，祆祠猶有存者。』唐時兩京俱有祆祠，國家且特設薩寶府來管理，其盛況可以想見了。

唐時中國與波斯貿易很盛，波斯人流寓中國的也很多。新唐書田神功傳：『劉展反，鄧景山引神功助討，自淄靑濟淮。衆不整，入揚州，遂大掠居人貲産，發屋剔窌，殺商胡波斯數千人。』唐人小說也常說及揚州波斯胡店。波斯人流寓之多，於此可見一斑。義淨大唐西域求法高僧傳記當時求法的僧侶，自廣府乘波斯舶到天竺的很多；梁書海南諸國傳說天竺西與大秦安息交市海中；這都可以見出六朝至唐波斯在南海海上的勢力來。

唐時候波斯人不僅因經商而流寓中國的甚多，並且還有在中國文學史上很享盛名的。王國維先生跋花間集有云：『李洵鄂州本作李珣，毛本亦同。鑑誡錄四：李珣字德潤，本蜀中土生波斯也。少小苦心，屢稱賓貢，所吟詩句往往動人。尹校書鶚者，錦城煙月之士也，與李生常爲善友，遽因戲遇嘲之，李生文章，掃地而盡。詩曰：異域從來不亂常，李波斯強學文章，假饒折得東堂桂，胡臭薰來也不香。黃休復茅亭客話亦紀其爲波斯人。以異域人而所造如此，誠爲異事。』據茅亭客話，李珣先本波斯國人，黃巢之亂，隨唐僖宗入蜀，後遂流寓其地爲土著。李珣還有一弟名李玹，號李四郎，很信道家之言。至於鑑誡錄所云李生文章掃地而盡的話，恐怕是形容過甚之辭，花間、尊前諸集中多錄李珣的詞，同尹鶚並列，可見李珣在詞壇上的地位，並沒有受尹鶚的影響了。據陳垣的推測，以爲李珣兄弟即唐代波斯賈人李蘇沙之後，世業香藥，大約是可信的。李氏一家，不僅德潤（李珣字）文釆斐然，即其妹李舜絃後爲王衍昭儀的也頗饒詞藻有鴛鴦瓦上，一首風光綺旎，至今猶可想見也。

第四章　印度文化之東來

說到外國同中國文化關切最密的，自然要算印度。印度的文化自傳入中國以後，勢力蔓延很廣，直到今日滲透在各方面之中，同中國社會的生活幾乎不可分離。中國人的思想也曾因之而大異其本來的面目。不過中國同印度的交通到底始於何時，卻傳說紛紜，不一其辭。

印度之知道中國，大約很早。摩奴法典 (Laws of Manu) 中即有 Chinas 一辭，以爲是墮落了的刹帝利族；史詩摩訶婆羅多 (Mahabharat) 中也曾提及此字。這兩部書大約成於西元前四百年左右（我國周安王時）。而據佛家的傳說，佛陀就學毘舍蜜多羅阿闍黎，所舉各種書名有脂那國書一種，脂那就是支那，即是中國。又大寶積經中也曾述及吳、蜀、秦地。似乎西元前五世紀左右佛在世時便已知道中國了。這如一派人說春秋上所紀的恆星夜殞如雨，即是紀的佛陀誕生之瑞，竟是同樣的荒誕了。到了阿育王的時候，爲着分封他的兒子法益，其所分封地也有秦土之名，說見阿育王息壞目因緣經歷代三寶紀又說秦始皇時，天竺法門室利防等到過中國；不過據現在所知道的阿育王摩崖刻石第十三柱紀阿育王在世時派遣大德到各地傳佈佛教的情形內中並未提到中國。所以說先秦時候中印卽有交通的話，不大可靠。至於日本人以史記所載始皇不得祠的話，以爲不得祠卽浮屠祠；又有人以爲墨子是印度人是婆羅門教徒或佛教徒；還有一派人以爲先秦的文化如天文之屬受有印度的影響。這種種說頭，不是根據薄弱，便是神經過敏，難以據爲典要。

中國之確實知道印度，大約在漢武帝的時候。張騫使西域，在大夏看見邛竹杖蜀布，一問大夏國人，才知道是從身毒來的；身毒卽印度。武帝時並沒有譯長，屬黃門，專司與外國交通的事。自日南障塞徐聞合浦南行所到有黃支國，黃支卽印度的建志補羅（Kanchipura）這都可以見出印度同中國來往的情形來。自此以後，中國同印度在政治上的來往，不絕於書，漢唐間史籍都載有印度遣使至中國的事。到了唐朝武德的時候，正當印度麴多王朝（Gupta Dynasty），建羯若鞠闍國（Kanyakubja）。到戒日大王（Silāditya　一譯尸羅逸多）在位，五印大亂，大王練兵聚衆，所向無敵，「四天竺之君皆北面以臣之。唐太宗降璽書慰問：兩國因而相通。唐朝又派人報使。後來又遣王玄策使印度，恰巧戒日大王死，國中大亂，大王的臣子那伏帝阿羅那順篡立，拒王玄策，不使入境。王玄策力戰被擒，宵遁泥婆羅吐蕃乞兵，復定鞨若鞠闍，擒阿羅那順，獻俘長安，太宗葬於昭陵並刻石像阿羅那順之形，列於玄闕之下。這在中印交通史上也可算是一樁赫赫的大事了。中國同印度在政治上的交通自唐以後，遂很少來往，到了明成祖永樂時，遣中官鄭和下西洋，曾一至榜葛剌，榜葛剌卽今日之孟加拉（Bengal），又到過印度的柯枝同古里，這卽是今日的Cochin同Calicut。

中國同印度交通以後，所有最大的影響，便是佛教的傳入。至於佛教傳入中國的年代，爲說各異。普通都以爲漢明帝感夢，佛教始入中國。但是楚王英在那時候已自誦黃老之微言，尙浮屠之仁祠，而明帝詔書中並且有伊蒲塞桑門等梵名，似乎佛教傳入已有年所。所以近來大都主張佛教傳入中國當在漢哀帝元壽元年（西元前二年）博士弟子景盧從大月氏王使伊存口受浮屠經的時候，到漢明帝已有五六十年。

佛教傳入中國，中國正在末世衰亂民不聊生的時候，不久就天下三分。這種主張離棄現世，別求精神上的樂土的宗教，就很快的爲民衆所歡迎，所以到西元後第二世紀的時候，笮融『大起浮圖祠，以銅爲人，黃金塗身，衣以錦采，垂銅槃九重，下爲重樓閣道，可容三千餘人，悉課讀佛經。令界內及旁郡人有好佛者聽受道，復其他役以招致之。由此遠近前後至者五千餘人戶。每浴佛，多設酒飯，布席於路，經數十里，民人來觀，及就食且萬人，費以巨億計』。這是今日江蘇地方的情形，其他各處可想而知。兩晉六朝以後，中國始終在一個大混亂的時期中，道教佛教都很昌盛，佛教的發達尤爲迅速，淨土一宗終六朝之世都佔着重要的位置；這也可以聊窺世變了。

佛教傳入中國，因爲語言殊異，迻譯不無訛誤，於是引起一般信徒的疑心，乃有西行求法之舉。自晉至唐至印度的中國僧人不計其數，僅就作有遊記現尚存留者說來，有宋雲（北魏神龜時，即西元後五一八年到過印度，著有行記，見楊衒之洛陽伽藍記）、法顯（晉安帝隆安時，即西元後三九九年赴印度，著有佛國記，今存）。此外如智猛諸人，其所著游記今雖不存，尚有零篇斷面可以考見當時西域的情形。到了唐朝，玄奘法師入竺，更爲一代盛事。他所口授的大唐西域記，至今爲言印度古史者絕好的史料。玄奘之後，又有義淨著大唐西域求法高僧傳及南海寄歸傳。唐代中國同印度的交通，由這兩部書中可以看出一個大概。那時廣州商務已是繁盛，成爲中外交通的重要口岸。

波斯、錫蘭（那時稱爲師子國）、大食諸國的商船，都聚集廣州港口外國人稱廣州爲廣府。天寶年，間還有一位僧人名悟空者，到過印度。宋乾德二年（九六四）僧人繼業又糾合沙門三百人入天竺求經，其所記西域行程，在范成大湖船錄中尙可以看見一二。此外還有道圓諸人，中國書上雖然不甚可考，而其在印度菩提伽葉大寺中所立漢字碑，近年已經發見，也足證明中國在第十世紀到十一世紀到天竺求法的還是嬋嫣不絕呢。同時印度人到中國的爲數也很多，慧皎、道宣諸人的高僧傳中紀載甚詳，今不煩舉。

佛教傳入中國以後，宗派繁興，勝義如雲，比在故國還要興盛。單就所譯三藏而言，達數千卷。中國同外國文化接觸，如所受印度文化的影響之大者，恐無其比。到了宋朝理學發生，糅合儒佛，別成一派新的哲學，這在中國哲學史上也應佔很重要的一章。不過印度同中國交通，所傳來的除佛教而外，其他方面也是很多，在中國文化上發生的影響也很大。

中國吸收印度文化以六朝時候爲最盛，除去佛教教理而外，最先傳入中國的要算美術。中國在兩漢的時候，雖然也有武梁石室等浮雕的雕刻，不過規模都很小。到了六朝，受了印度的影響，造像之風大盛，於是如敦煌鳴沙山千佛洞，大同雲崗石窟天龍山隋刻，洛陽龍門鞏縣石窟寺，棲霞千佛巖，所雕佛像大至尋丈，小至數寸，在中國美術史上蔚爲大觀。

不僅雕刻如此，繪畫方面情形亦然。六朝畫家據張彥遠歷代名畫記所載約有百四十人，畫題中帶有印度成分的有三十九人，佔三分之一以上。張僧繇在江寧一乘寺寺門所畫的凹凸花，據說就是天竺遺法，同印度阿旃陀窟壁畫相同。又有一位謝赫論畫有六法，有人以爲與第三世紀時印度 Vatsyayana 所說的六法（Sandaga）相似。而印度東來的僧人如僧迦佛陀曇摩拙義金剛三藏皆善繪畫。曹妙達所繪的衣褶又有出水之喻。所以中國繪畫同印度的關係，其密切不言可知。

中國當時在醫藥和天文方面似乎也受有印度的影響。印度古有五明，五明之一爲醫方明。六朝時來游中國的印度古德大都曾學五明；當時僧人也有通達醫理者，如敦煌于道邃即善方藥，而于法開且祖述耆婆妙通醫法。隋書經籍志記有各種印度藥方書達四五十卷。在天文方面，很有許多人主張中國古代的天文學中間蘊有印度的成分在內，不過尚難成爲定論；六朝以後，印度天文學傳入中國，那卻確然可據。隋書經籍志有印度傳來的各種天文同算法書達六十卷。關康之也曾從月氏沙門支僧納學算妙盡其能。到了唐朝，僧一行同瞿曇悉達介紹印度曆數之學到中國來，至今為中國天文學史上一大事。

還有中國今日的注音字母，也並不是毫無淵承的。唐守溫有三十六字母，這純然是取則印度梵文，大般涅般經同華嚴經中也有梵文字母。就是沈約的四聲，恐怕也帶有印度的色彩。而陳思王曹植深通梵音，製為梵唄；所謂梵唄大約卽是後來敦煌發見的俗文變文之類。俗文變文大率演說佛經故事，有長行有偈語，可以詠唱，後來的彈詞卽從此推演而出；這是中國通俗文學受有印度影響的吉光片羽。中國戲劇象徵的意味很厚，所以有人說也受有印度的影響。雖然證據不甚充分，卻也大有可能。

其次還有音樂。中國的古樂，漢魏以來，喪失殆盡，六朝以後所謂雅樂，其實都雜有外國的成分在內。當時『西域醜胡龜茲雜伎封王者接武開府者比肩。』隋唐的時候，遂有所謂十部樂者，天竺樂就是十部中的一部。可是十部樂的樂器一相比較，與天竺樂都大同小異；說不定是同一祖禰。正在隋的時候，又有一龜茲樂人名蘇祇婆者傳入琵琶七調，其後燕樂的二十八調就是從這七調中演化出來的。唐朝又有一種佛曲也是蘇祇婆琵琶七調的支與流裔。這所謂蘇祇婆琵琶七調，其實就是印度北宗音樂 Hindustanic School 的一派。後來的南北曲卽是導源燕樂，而其遠祖乃是印度。所以中國中古以後的音樂史同印度也有分離不開的關係。至於張騫自西域帶回的摩訶兜勒一曲，就字音說，很像印度的產物，不過別無確證，今置不論。

其次，中國的印刷術，大約導源隋唐之際，起源於寺院之中，而以像印爲其前驅。近來敦煌發見的遺物之中卽有一種像印，並有印成的千體摺佛。這種像印同千體摺佛，都是發源於印度，由敦煌以傳入中國。印刷術是中國四大發明之一，而其起源卻受了印度的暗示，這眞是研究中國文化史的人所不可忽視的一點呢。

不僅印度文化傳入中國，如上所述，中國也曾努力把中國的文化點點滴滴地傳到印度。如印度之自中國傳入梨桃，玄奘以梵文譯老子道德經及大乘起信論，唐代秦王破陣樂之演奏於戒日王宮廷，都可以窺見一鱗片爪。

明成祖以後，中國同印度的交通日益微細。到了清朝還時有佛教中大德西行入竺求法之舉。最近印度哲人太戈爾（R. Tagore）來華講學取華名爲竺震旦，拾千載之墜緒，繼前賢之芳蹤；這又是後事，不在本書範圍之內，只好付諸缺如了。

附注

中國同印度交通的路徑，諸史中也偶然道及，今爲比次如左：

三國志引魚豢魏略西戎傳：『盤越國一名漢越王，在天竺之東南數千里，與益部相近。其人小，與中國人等，蜀人賈似至焉。』這裏所說的盤越或漢越，我疑心卽是史記大宛列傳中的滇越。張騫在大夏所見的蜀布邛竹杖，大約是由蜀賈輸至滇越，由滇越再輸到印度。張騫想從蜀經印度以通大月氏，取道昆明，理想與事實並沒有相差過遠，只不過爲時勢所阻罷了。

漢魏以後，中國僧人西行求法者漸多，如法顯、宋雲、玄奘、義淨、繼業等，都留有遊記，可以考見他們到印度去的路程。法顯、宋雲入竺，大都自敦煌到鄯善經偽彝至于闐，然後由此越葱嶺，渡新頭河，到烏萇國，以入北印度境。宋僧繼業的行程和法顯宋雲等都大略相同。玄奘西行的路徑卻是兩樣：他是經伊吾（今哈密）高昌循天山南道，過銀山，經焉耆拜城，逾天山至素葉城；自此經康居各地，逾鐵門至覩貨羅，渡縛芻河至活國；自此以至迦畢試健陀羅諸國以入北印度境。義淨則從廣府乘波斯舶遵海道至印度，由耽羅栗底（Taruralipti）上岸。

唐時自中國到印度還有一條路，卽是取道吐蕃經泥婆羅以入印度。唐貞觀中，衛尉丞李義表奉使往天竺，卽取此道。

此外還有一條路便是經安南以通天竺。唐時賈耽有皇華四達記同古今郡國縣道四夷述，現俱不傳。新唐書地理志最後有邊州入四夷道里，共記七道，大約就是取自賈耽之書。其第六道曰安南通天竺道，凡分三道：一路自驃國行向印度；一路自諸葛亮城西行向印度；一路自驩州向印度。其路程自『安南經交趾太平百餘里至峯州；又經南田百三十里至恩樓縣。乃水行四十里至忠城州。又二百里至多利州。又三百里至朱貴州；又四百里至丹棠州，皆生獠也。又四百五十里至古湧步；水路距安南凡千五百五十里。又百八十里經浮動山天井山，山上夾道皆天井，間不容跬者三十里。二日行至湯泉州；又五十里至祿索州；又十五里至龍武州；皆爨蠻，安南境也。又八十三里至儻遲頓；又經八平城八十里至洞澡水；又經南亭百六十里至曲江；劍南地也。又經通海鎭百六十里渡海河利水至絳縣；又八十里至晉寧驛；戎州地也。又八十里至柘東城；八十里至安寧故城；又四百八十里至靈南城，又八十里至白崖城；又七十里至蒙舍城；又八十里至龍尾城；又十里至太和城；又二十五里至羊苴咩城；自羊苴咩城西至永昌故郡三百里。又西渡怒江至諸葛亮城二百里；又南至樂城二百里。又入驃國境，經萬公等八部落至悉利城七百里。又經突旻城至驃國千里。又自驃國西渡黑山至東天竺迦摩波國千六百里。又西北渡迦羅都河至奔那代檀那國六百里。又西南至中天竺國東境恆河南岸羯朱嗢羅國四百里。又西至摩羯陀國六百里。一路自諸葛亮城西去騰充城二百里；又西至彌城百里；又西過山二百里至麗水城。乃西渡麗水龍泉水二百里至安西城。乃西渡彌諾江水千里至大秦婆羅門國。又西渡大嶺三百里至東天竺北界箇沒盧國。又西南千二百里至中天竺國東北境之奔那代檀那國與驃國往婆羅門路合。一路自驩州東二日行至唐林州安遠縣，南行經大羅江，二日行至環王國之檀洞江；又四日至朱崖；又經單補鎭二日至環王國城，故漢日南郡地也。自驩州西南三日行，度霧温嶺又二日行至棠州日落縣；又經羅倫江及古朗洞之石密山；三日行至棠州文陽縣；又經[illegible][illegible]澗四日行至文單國之算臺縣；又三日行至文單外城又一日行至內城，一曰陸眞臘；其南水眞臘。又南至小海，其南羅越國；又南至大海』。

第五章　中國與阿拉伯的交通

阿拉伯在唐以前隸屬於波斯，到唐以後，方始強盛，於是中國史上乃有大食之名；大食是波斯人用以稱阿拉伯的，這也可見中國之知阿拉伯，是從波斯得來的了。可是阿拉伯方面之知道中國，為時卻甚早；在西元後第五世紀的前半期，中國同阿拉伯已有交通。據阿拉伯史家所紀，古巴比倫西南庫法（Kufa）城附近傍幼發拉底（Euphrates）河畔的希拉（Hira）城下，萬國商舶雲集，其中時有中國同印度的商船遠航來此。其後希拉城日漸凋零，於是商埠移至鄂波拉(Obolla)，由鄂波拉又移至鄰近巴士拉（Basra）城，後又移至海灣北岸的施拉夫（Siraf）以後逐漸地移至吉什（Kish）同忽魯漢斯（Hormuz）。西元後八九世紀的時候，中國商船，不僅出沒於印度河及幼發拉底河一帶，並且遠至亞丁（Aden）。

中國同南海諸國的交通，漢以來薈萃於廣州一帶；所以漢武帝時有譯長一官，屬於黃門，其通海南，卽自日南障塞徐聞合浦船行。到了六朝，廣州同外國的貿易大盛，各國番舶，聚集其地，做廣州刺史的人只要從廣州城門一過，便可發二三千萬的財。唐宋以後，泉州、杭州、揚州相繼興起，中外海上交通頻繁，觀於唐代廣州之設市舶使，可見貿易之盛。隋唐以前，阿拉伯同中國的交通，以取道海南爲多。阿拉伯稱中國爲 Sina，乃是從印度的稱法；八世紀以後，陸上交通繼起，於是阿拉伯人始又稱中國爲 Seres。

中國同阿拉伯正式交通，見於中史，當始於唐高宗永徽二年（六五一）；在這一年，大食王豃密莫末膩（Emir al Mumnin）始遣使同中國通好。到第二年（六五二）波斯爲大食所滅。波斯王子卑路斯奔吐火羅，遣使至唐求援。唐玄宗時，以西域諸國不附命，高仙芝往討，西域七十二國俱來朝貢，只以石國國王爲仙芝所誘殺，王子求救於大食。天寶十年（七五一），大食大破高仙芝於怛邏斯（Taraz）城，這是阿拉伯的勢力同中國正式接觸。其後，阿拉伯人到中國的，仍是不絕於書，長安、廣州、揚州一帶，到處都有大食商人。

高仙芝西征的時候，隨軍書記杜環，以怛邏斯城兵敗被虜，俘至大食，後從大食遵海道回國，其所著經行記中曾述及回教教儀及教義，雖未明白說出回教，而中國書中述到回教的，恐怕要以杜環爲最早。杜氏述及大食法，謂不食豬、狗、驢、馬等肉，回教之入中國，大約即在此時。

大食與唐雖然有怛邏斯城一戰之嫌，可是唐朝很知道大食的強盛，並不願同大食結怨，不唯不結怨，安史之亂且借大食兵以平亂，而且還有主張聯大食以抗吐蕃的。因爲如此，所以天寶以來，胡客留住長安不去的至達四千人。同時中國人留寓大食的也自不少。杜環至大食曾見漢匠作畫者京兆人樊淑、劉泚，織絡者河東人樂環、呂禮，可見那時兩國交往之盛了。唐僖宗乾符五年（八七八）七月黃巢陷廣州，那時阿拉伯恰有一位游歷家名 Abu Zaid 的，也在廣州，他的遊記中記到此次黃巢陷廣州時殺人之慘，以爲回回教徒、猶太教徒、基督教徒、穆護教徒被殺者達十二萬人；阿拉伯人流寓中國者之多，其數驚人。到了宋朝，因爲外國人流寓各埠者甚多，於是泉州、廣州等處乃有蕃坊之設，其無蕃坊如杭州者，也大都住在一處；如阿拉伯人 Ibn Batuta 到杭州時所記回教徒區，即是一例。唐宋之際外國人稱廣州爲廣府，稱泉州爲刺桐城；所以稱爲刺桐，乃是因爲環城種植刺桐樹的緣故。

高仙芝怛邏斯一役,中史並沒有其他的紀載,只知道杜環曾經因兵敗被虜,到過大食。可是據阿拉伯史家所紀,則此役對於東西文化的交通關係很是不淺。據說高仙芝兵敗後,阿拉伯俘得的中國兵士,其中有善於造紙的工人,阿拉伯人因命此輩俘虜在撒馬爾干 (Samarkand) 地方設廠製造。於是中國的造紙術遂因此一戰由中國傳到大食,由大食以傳到歐洲。後來歐洲的文藝復興,同造紙術的傳入有很大的關係。後來中國羅盤也因中國的商船往來南海,阿拉伯一帶,阿拉伯人因知此物,更由阿拉伯人傳至歐洲;歐洲近代史上的發見時代同羅盤也有離不開的關係。中國同阿拉伯的交通,即此兩端,已可見其關係之密切,及其同中西文化交通的影響了。

宋朝與阿拉伯在商務上的關係更密,泉廣諸州,番舶雲集,大都爲大食舶;南渡而後,泉、廣、明州市舶抽分,爲南宋國家歲入的大宗。元明之際,與大食的交通猶未斷絕,明成祖時,三寶太監鄭和下西洋,即曾一至天方。其隨軍譯人如馬歡之流,即爲回教徒;馬氏先世或即爲流寓中國的阿拉伯人,也未可知。

附注

唐武宗大中時有大食人李彥昇以范陽連帥盧鈞之薦，竟登進士第，這要算是阿拉伯人華化之最先者了。宋末元初泉州的蒲壽宬壽庚兄弟也是很有名的。蒲壽庚同元朝的開國很有關係，日本桑原隲藏著有蒲壽庚之事蹟一書，考證宋元時代中國同阿拉伯的交通以及蒲壽庚的事蹟，甚爲詳盡。蒲壽宬並是一位文學家，著有心泉學詩稿心泉詩餘，卓然爲一大家；同波斯人李珣可以後先輝映。元朝文人先世之爲回回世家的尤其多：陳垣元西域人華化考述說甚詳，可以參看。

中國同大食交通的路徑，諸書傳說不一。今略舉如次：

新唐書西域傳苫國傳紀有自西域諸國至大食路程，略云『自大食西十五日行得都盤，西距羅利支十五日，南即大食。二十五日行，北勃達一月行。勃達之東（據丁謙云應作西南）距大食二月行。西抵岐蘭二十日行。南都盤北大食（丁云應作怛滿）皆一月行。岐蘭東（丁云應作西）南二十日行得阿沒，或曰阿昧。東南距陀跋斯十五日行。南沙蘭一月行。北距海二日行，居你訶溫多城，宜羊馬，俗寬柔，故大食常游牧於此。沙蘭東距羅利支，北怛滿，皆二十日行。西即大食二十五日行。羅利支東距都盤，北陀拔斯，皆十五日行。西沙蘭二十日行。南大食，皆一月行。北岐蘭二十日行，西卽大食，一月行。『丁云此處脫一國名』

新唐書地理志後附邊州入四夷之路，其七曰廣州通海夷道，述廣州至大食諸國的路程很詳：『廣州東南海行二百里至屯門山，乃帆風西行二日至九州石；又南二日至象石。又西南三日行至占不勞山，山在環王國東二百里海中。又南二日行至陵山。又一日行至門毒國。又一日行至古笪國。又半日行至奔陀浪洲。又兩日行到軍突弄山。又五日行至海峽，蕃人謂之質，南北百里；北岸則羅越國，南岸則佛逝國。佛逝國東水行四五日至訶陵國，南中洲之最大者。又西出硤三日至葛葛僧祇國，在佛逝西北隅之別島，國人多鈔暴，乘船者畏憚之；其北岸則箇羅國，箇羅西則哥谷羅國。又從葛葛僧祇四五日行至勝鄧洲。又五日行至婆露國。又六日行至婆國伽藍洲。又北四日行至師子國，其北海岸距南天竺大岸百里。又西四日行經沒來國，南天竺之最南境。又西北經十餘小國至婆羅門西境。又西北二日行至扳颶國。又十日行經天竺西境小國五，至提颶國，其國有彌蘭大河，一曰新頭河，自北渤崑國來，西流至提颶國，北入于海。又自提颶國西二十日行經小國二十餘至提羅盧和國，一曰羅和異國，國人於海中立華表，夜則置炬其上，使舶人夜行不迷。又西一日行至烏剌國，乃大食國之弗利剌河，南入于海。小舟泝流二日至末羅國，大食重鎮也。又西北陸行千里至茂門王所都縛達城。自婆羅門南境從沒來國至烏剌國，皆緣海東岸行；其西岸之西，皆大食國，其西最南謂之三蘭國。自三蘭國正北二十日行經小國十餘，至設國。又十日行經小國六七，至薩伊瞿和竭國，當海西岸。又西六七日行經小國六七，至沒巽國。又西北十日行經小國十餘，至拔離謌磨難國。又一日行至烏剌國，與東岸路合。西域有陀拔恩單國，（正應作陀拔思單國）在疏勒西南二萬五千里，東距勃達國，西至涅滿國，皆一月行；南至羅剎支國半月行；北至海兩月行。羅剎支國東至都槃國半月行，西至沙蘭國，南至大食國，皆二十日行；都槃國東至大食國半月行，南至大食國二十五日行；北至勃達國一月行。勃達國東至大食國兩月行，西北至岐蘭國二十日行，北至大食國一月行。河沒國東南至陀拔國半月行，西北至岐蘭國二十日行，南至沙蘭國一月行，北至海兩月行。岐蘭國西至大食國兩月行，南至涅滿國二十日行，北至海五日行。涅滿國西至大食國兩月行，南至大食國一月行，北至岐蘭國二十日行。沙蘭國南至大食國二十五日行，北至涅滿國二十五日行，石國東至拔汗那國百里，西南至東米國五百里。罽賓國在疏勒西南四千里，東至俱蘭城國七百里，西至大食國千里，南至婆羅門國五百里，北至吐火羅國二百里。東米國在安國西北二千里，東至碎葉國五千里，西南至石國千五百里，南至拔汗那國千五百里。史國在疏勒西二千里，東至俱密國千里，西至大食國二千里，南至吐火羅國二百里，西北至康國七百里。』這裏的後一段自西域通大食的路程可與上引苫國傳末所附路程對勘。中國如丁謙的新唐書西域傳地理考證和吳承仕唐賈耽邊州入四夷道里考實二書；西文則有伯希和（P. Pelliot）的 Deux Itiniraires de Chine en Inde a la fin du Viiie Siecle 和夏德(F. Hirth)羅智意(W. W. Rockhill)合譯趙汝适諸蕃志的導言：日文有大正五年七月史林所載桑原隲藏的波斯灣頭之東洋貿易；凡此諸作，大都考證新唐書地理志所附邊州入四夷道里，閱之可以得一概要，此處不能詳舉。

九世紀中葉，阿拉伯遊歷家 Ibn Khordadbeh 和 Soliman 兩人的遊記中都曾紀述到自大食到中國的路程，宋周去非嶺外代答中也曾述及。桑原隲藏的蒲壽庚事蹟中曾括述諸家之說，大約以爲『大食中國間航程日數，詳見九世紀半伊本考爾大貝之道程及郡國志及賈耽廣州通海夷道兩書大體一致，日數均爲總計約九十日。與伊本考爾大貝約略同時之索里曼計海道日數爲百三四十日。據其計算自波斯灣之尸羅夫（Sirâf）港經阿曼（Oman）之 Mascate，至南印度之 Koulam （故臨國俱藍國）凡四十日。自 Koulam 至今馬來半島之 Kalah-bâr （箇羅國，古羅國）約一月，日數均妥當。惟自 Kalah-bâr 至中國之 Khanfou （廣府）須七十日，則失之過大。夏德羅智意兩氏本此計 Kalah-bâr 與 Khanfou間距離爲三四十日，蓋誤算矣。據南宋周去非嶺外代答卷二，自廣州至今蘇門答臘島西北端之藍里，（卽 Soliman 之 al-Ramny），航程四十日，藍里至故臨約一月，故臨至大食（波斯）又約一月，總計約百日，與唐代所傳略同。此航程九十日乃至百日乃以順風爲準者，寄泊日數尚不在內。故彼時商舶往來實際日數，必過此數遠甚。據嶺外代答卷三，是年仲冬廣州開船，約四十日達藍里，營貿易，避夏期西南風。翌年冬，乘東北風經故臨國而至大食。觀此，廣州至大食滿一年以上爲普通矣。自大食歸廣州亦同；是一往復間約二年也。故嶺外代答卷三航海外夷條曰：諸蕃國之入中國，一歲可以往返，唯大食必二年而後可。又卷二故臨國條：中國舶商欲往大食，往返經二年矣』。

趙汝适諸蕃志大食國條說：『大食在泉之西北，去泉州最遠，番舶艱於直達。自泉發船四十餘日至藍里博易住冬，次年再發，順風六十餘日方至其國』。到明朝三寶太監鄭和下西洋，關於從中國到海南諸國的道程紀載更爲詳細。馬歡瀛涯勝覽天方國條說：『此國卽默伽國也。自古里國開船投西南申位，船行三箇月方到本國馬頭，番名秩達，有大頭目主守。自秩達西行，一日到王居之城，名默伽國』。至於自中國南京以至古里的路程，明茅元儀武備志所附鄭和航海圖於其道程遠近以及針位紀載甚詳，這裏不能細述。

第六章　中國文化之東被與南傳

中國的文化並不是孤立的，觀上述各章，可見中國在秦漢以降，無時無刻不與外國交通往來，因此在文化方面也時時交光互影。不過中國所受於外國文化的影響固然很多，尤其是所受於印度者，但是東方諸國所受於中國文化的影響卻也不小；如朝鮮、日本以及安南，卽是受中國文化影響最深最著的幾個國家。我們要說中國的文化，必須博覽諸國的史乘，看其彼此交通影響的處所，方可不致囿於方隅，而說中國文化是一種孤立的發展。本章所要說的卽是敍述中國文化傳播到朝鮮、日本安南諸國的概況。不過這幾國同中國的關係特別密切，最好是別成一書，專論中國文化的東被與南傳，本章只能撮取大要，稍加陳述。

中國同毗隣諸國交通最早見於古書最爲可信的，大約要算安南。安南古稱交趾，先秦古書如尚書墨子都曾說及交趾。至於暹羅，古稱撣國，見於史記，撣國王雍由調曾進獻過大秦國的眩人。緬甸唐稱爲驃國，曾因大理以通中國。海南諸國之通中國，爲時也是很早：三國孫吳的時候，曾遣康泰朱應使海南諸國，其後康泰有扶南土俗吳時外國傳，朱應有異物志，所述南海諸國有斯調、都簿、諸崑、頓遜諸國。大都在今馬來半島一帶；漢武帝時，也曾遣人自廣州入海求五色琉璃。漢書地理志末所述諸地名，現都不甚可考，但大致也當在今南印度以南馬來半島一帶。所以中國在秦漢的時候，對於南方以及南海中諸小國，大約卽已知道，且有過往來。唐宋以後，如安南、暹羅、緬甸諸國，且受中國封册，居於藩屬之列。安南諸國在文化上所受中國的影響也自不少，尤其是在政治制度一方面，大概都模仿中國。開科取士，誦讀詩書，儼然漢家威儀。明成祖時命三寶太監鄭和以艨艟巨艦七下西洋；其所謂西洋，就是今日的南洋。於是中國人在南洋的威勢到了明朝，竟呈空前的盛況；至今南洋一帶猶仰慕三寶大人的聲威不置。中國人之移民南洋，當始於唐宋之際，可是要以鄭和下西洋的前後爲最盛的時期了。

中國同朝鮮日本的交通，爲時大約也是甚早。戰國齊威宣王燕昭王的時候，卽傳有蓬萊、方丈、瀛洲三神山，相傳在勃海中；於是威宣燕昭俱使人入海求三神山。三神山雖然始終沒有求得，不過這一定不是毫無根據之談，所指大約即是日本。到秦時徐福引三百童男女入海，一去不回了無音信。到了三國孫權的黃龍二年還因爲徐福的緣故重演一回浮海求夷洲及亶洲的故事。所以日本之正式見知於中國史籍要比朝鮮爲後。朝鮮自檀君立國已在中國唐堯之世。到戰國時，朝鮮北部，爲燕所有。漢初燕人衞滿亡命入據朝鮮北部。漢武帝定朝鮮，改爲四郡，自後朝鮮同中國總是處於藩屬的地位。六朝的時候，自中國輸入佛教，中國文化的輸入也在漢隋之間。唐代高麗有君子國之稱，其使臣到中國來的同中國士大夫倡和，彬彬有禮。崔致遠桂苑筆耕一書至今蜚聲文苑，崔氏唐時入居中國，歷數十年回國後，刊印此書。宋元以後，中國理學大盛，朝鮮也受其感染。明朝的時候，朝鮮又發明銅活字版，刷印書籍，爲朝鮮文化史上放一異彩，不過這種銅活字是否爲朝鮮所自創，尙無確證，或者受有中國影響，亦未可知。

只是中國在唐以前，對於朝鮮的勢力，只及於北部，南部，南部如任那一府，即始終受着日本的控制。到了唐朝，中國同日本的勢力在朝鮮半島南部的百濟起了衝突，於是乃有劉仁願劉仁軌之兩度征伐。麟德二年，白江口之役，百濟所請來的日本援兵戰艦爲中國焚去的達四百艘，這是中日外交史上一件最可紀念的事，自此以後，中國在朝鮮南部的勢力始日益增厚。到了明朝，日本豐臣秀吉野心勃勃，又想平定朝鮮半島以進窺中國，於是又惹出一場惡戰。

朝鮮的形勢，一方面像一把匕首插入日本的胸中，一方面又爲中國東北的屏藩，所以有史以來，卽成爲兩國勢力交薈的場所。朝鮮在唐時所受中國文化的影響卽已不盛，舊唐書高麗傳說其書有五經及史紀漢書范曄後漢書三國志孫盛晉春秋玉篇字統字林，又有文選，尤愛重之。但是所有文化都是因襲中國，在政治上亦只依違兩大。明清以後，中了理學清談的流毒，終日無所事事，以致國勢日趨疲弱，竟釀亡國之慘。這大半是地理上的緣故有以使之如此。

日本同中國的交通，據論衡所記，遠在成周之初，道家說在黃帝時，日本自己說在秦時，諸說都不可信。正式的交通大約始於漢朝，其時使驛通於漢朝的有三十餘國；漢光武時並封委奴國王，賜以印綬。漢委奴國王印近來曾在日本發見，可證中史之眞。那時中國已知道日本王室居於大和，稱大和爲邪馬臺國。魏明帝時，日本神功皇后在位，魏封之爲親魏倭王，稱神功爲卑彌呼。晉宋以降，中國同日本的交往仍復蟬聯不絕，中國也時時予以封號。不過日本史書對於漢魏以降，日本同中國的交通，概行否認，只承認隋時小野妹子通使中國以後之事為實。

到了唐朝，中國文化發達如日中天，唐室聲威遍於四裔，日本也聞風嚮慕，遣唐使節絡繹於途：綜計自唐太宗貞觀四年到唐昭宗乾寧元年，日本遣唐使共有十四次，唐朝派人陪送日使回國也有三次。這是專指正式遣使而言，派遣學生來唐留學的還不在內。僅就唐朝日本留學中國的學生而言，即有一百三十二人，也可算得洋洋大觀了。到了元朝，元世祖抱統一六合的雄心，想把日本收歸版圖，於是乃有文永弘安兩役。結果元朝雖然以地理不熟，一敗塗地，然而當時日本朝野皇皇，到處求神祈禱，其恐慌之狀，也可想見。最後到了明朝，日本薩摩一帶的浪人，駕了八幡船到中國沿岸鈔暴為虐，沿海一帶小兒一聞倭子至，至不敢夜哭，所以明初倭寇，實成為國家當前的一件大事；明太祖即位之初，於鍾山廣植桐棕之屬，以供將來造船之用，其用意未嘗不在防海。而成祖以之修造大艦，揚威海南，真可謂先得我心了。

中國與日本交通了好幾千年，可是在宋以前，對於日本歷史的知識，淺薄得很。到了宋朝雍熙元年（九八四），日本國僧奝然與其門徒五六人浮海而至，獻有今王年代紀一卷，後來著宋史日本傳的人，就將奝然所傳的年代紀抄撮成篇，中國纔確實知道日本歷代至守平天皇爲止的歷代帝王的年號。元明以降，因爲倭患日深，中國學人所著關於日本的書籍也日益加多，不過關於日本歷史的知識，竟未能比宋史所紀增加了多少。

後漢書上說韓有三種：一曰馬韓，二曰辰韓，三曰弁辰。辰韓民族原是秦之亡人，避役適韓；馬韓割東界地居之，言同秦人相似，所以又名爲秦韓。可見秦漢之際中國人有遷移到朝鮮半島的。在日本應神天皇十四年（二八三），有秦人弓月氏自說是秦始皇後，從百濟遷到日本；其後遂有太秦氏始傳養蠶之術。雄略天皇十四年（西元後四六九），又從中國吳地求得吳織漢織並縫女姊妹小工女還。應神以降，中國人徙居日本的，爲數日多，欽明天皇時，秦戶竟至七千，其他日本各姓出自中國的甚多。秦徐福到日本的事，確否難靠，而漢以後，日本民族中之夾有不少漢族分子，並且大都是取道朝鮮半島遷徙而來，那是確鑿可據的。

不僅中國的民族其始多由朝鮮半島遷到日本，卽是中國的文化最初也取道朝鮮半島傳入日本。日本應神天皇時，始從百濟得漢籍，學漢學；雄略天皇時，從徙來的漢人學種桑養蠶織縫。今日日本佛教很盛，也是欽明天皇時從百濟傳來的；而在欽明以前繼體天皇的時候，即有南梁司馬達到日本，欲輝弘佛教。隋以後，日本同中國正式通使，纔互見於兩國史籍。到了唐朝，日本學生留學中國的風起雲擁。日本國中上自政制，下至習俗，無不模仿唐風。宗教方面，如法相律宗台宗密宗等宗，莫不傳自中國。因爲留唐風盛，結果竟有吉備眞備模仿漢字創作假名，僧空海又創平假名；至今爲日本通行的文字。而日本政治史上有名的大化維新和文化史上有名的奈良朝和平安朝，其實就是將唐朝的制度文物整個地搬到日本。主持大化維新的人物如高向元理等，就是以前的留唐學生；其所改革，就是改從唐朝的制度。後來的大寶養老諸律令以及各種格式，都是仿傚唐制。不僅政治制度模仿唐朝，日本歷史上有名的平安京，其實就是仿照唐朝的西京而造的。當時日本朝野上下唐化的熱忱可謂盛極一時。唐宋以後，日本人尊視中國的態度沒有變更。明亡，朱舜水逃至日本，水戶藩待爲上賓。舜水教人嚴夷夏之防，重廉恥，尚氣節，這與日本後來的維新，也有很大的影響。

明治維新以後，日本一意傚法西洋，中國文化在日本的聲勢一時失墮。但是中國文化在日本歷史上的地位依然如故；至今日本人的生活以及所表現出來的文明，還依然是唐朝的流風餘韻。

中國文化到了唐朝，可說極精細之致，如今離唐朝已千餘年，而看了日本的生活情形，還可以反映出千餘年前之唐朝文化一鱗片爪呢！

附註

安南朝鮮諸國人士歷仕中國的很不少。漢文著作也蜚然可觀。中國人就仕外國的，亦時見於史，如唐時日本織部正之李元環，雅樂員外兼花苑司之皇甫東朝，而袁晉卿以善聲學習爾雅文選，竟爲日本的大學頭。大學頭即今日的大學校長；這又是兩國文化交通史上的佳話了。唐時日本遣唐學生還有一位仲麻呂，以慕華風，不肯回國，其後就仕於玄宗之朝，回國一次，又復入唐，卒於中國。仲麻呂在中國易姓名爲朝衡，歷左補闕儀王友，見聞該洽，在唐五十四年，同那時唐朝的名詩人王維、李白、包佶、儲光義之流時相贈答。儲光義洛中貽朝校書衡有朝生美無度，高駕仕春坊之句。全唐詩收有朝衡銜命歸國作一首。唐時萬國輻湊於長安，流寓中土者而嫻文學者也自不少。如朝衡其人，在東方諸國流寓中土的文人中間，要算佼佼者了。朝衡回國時從明州上船，夜深月出，朝衡作歌，世傳爲絕唱，即三笠山辭。由此看來，朝衡不僅在唐代文學中有其地位，即在其本國的文學史上也頗負盛名。

新唐書地理志附邊州入四夷路，其二曰登州海行入高麗渤海道，自『登州東北海行過大謝島、龜歆島、淤島、烏湖島三百里，北渡烏湖海至馬石山東之都里鎭二百里，東傍海壖過靑泥浦、桃花浦、杏花浦、石人汪、橐駝灣、烏骨江八百里，乃南傍海壖過烏牧島、貝江口、椒島，得新羅西北之長口鎭，又過秦王石橋、麻田島、古寺島、得物島千里至鴨淥江唐恩浦口，乃東南陸行七百里至新羅王城。自鴨淥江口舟行百餘里，乘小舫泝流東北三十里至泊汋口，得渤海之境；又泝流五百里至丸都縣城，故高麗王都。又東北泝流二百里至神州。又陸行四百里至顯州，天寶中王所都。又正北如東六百里至渤海王城。』

以上是從山東登州出海至朝鮮的路程。宋宣和時徐兢奉使高麗，自浙江明州(今寧波)出海，徐兢著有奉使高麗圖經四十卷，有海道一篇，專紀自明州出海到高麗的沿途島嶼名稱。唐時日本遣唐使有從明州上岸的，也有從揚州上岸或出海的。至於南宋，杭州興起，出洋下海的人有從杭州出帆，往泉州而到南海者。於是行在之名時見於外國人書中，那是後話，現不贅說。

第七章　景教與也里可溫教

唐朝聲威之盛，遠達中亞細亞一帶；那時長安一城，萬國輻湊。其爲外國人所欣慕，眞有過於宋元時代的天城（City of Heaven 當時外國人稱杭州曰天城，中國俗諺亦曰上有天堂，下有蘇杭）因此住居長安的胡人一時至四千餘人。不僅各國胡人麕集長安，卽隨各國人傳來的宗教在長安也各自建寺傳教：穆護祆摩尼各教隨波斯、阿拉伯、回鶻諸國人傳入長安，各有各的教寺。同時在穆護祆摩尼各教以外，還有一種基督教的別派名曰景教的，也行於長安，其教寺先稱爲波斯寺，後改爲大秦寺。會昌廢佛之役，景教也在廢除之列。宋元之間又見於中國，不過不名爲景教而名爲也里可溫教。元時羅馬教皇幾次遣使東來傳教，就是風聞中國方面也有基督教徒，因而不憚山海之遙，來爲同氣之求。所以關於唐代的景教同元代的也里可溫教，在中西交通史同中外交通史上，都是値得大書而特書的。

關於唐代景教中國載籍很少注意。明末天主教傳入中國，到天啓三年（一六二三），長安掘地得碑，題曰大秦景教流行中國碑，經那時候傳教中國的西洋人耶穌會教士考證，證明唐代的景教卽是基督教的別支，於是纔知道中國在唐朝的時候便已有了基督教，而唐代基督教流傳中國的情形，從碑文中也可以窺見一個梗概。

據碑中所載，唐太宗貞觀九年（六三五），有大秦國上德名曰阿羅本的由大秦遠來長安傳教。阿羅本到的時候，太宗使宰相房元齡郊迎。貞觀十二年七月，由國家於長安義寧坊爲造大秦寺一所，度僧二十一人。高宗時，崇敬不衰，並於諸州各置景寺，仍崇阿羅本爲鎭國大法王。聖曆先天之際，因爲佛教大盛，景教頗受攻擊，差幸教中還有僧首羅含大德及烈以及其他西方信士共相維持，纔得無事。玄宗時景教的情形還不壞。天寶三年（七四四），又有大秦國僧佶和不遠萬里，東來中土。肅宗時，並於靈武五郡重立景寺；可見靈武等地在肅宗以前卽有景教流行其間也。德宗時，又有教士伊斯從大秦來到中國，頗蒙當時名將郭子儀賞識，於是將景教更大加輝弘。那時的景教徒感激之餘，因爲立大秦景教流行中國碑，以揚休烈。碑下及左右三面並刻有景教教士漢名，凡六十七人，漢名之外，別列外國字，據最近考證，知其爲敍利亞文。由這些人名之中，可知當時景教在中國的教父是景淨，敍利亞文作 Adam；大主教爲寧恕，那時稱爲法主，敍利亞文作 Hananisou，此外還有教士六十五人，碑上俱有題名。不過唐時流行中國的景教，在彼教中人自稱爲景教，取其光明廣大之義；但是教外人卻稱之爲彌尸訶教、彌尸訶或作迷師訶、彌施訶、彌師訶，即是Meshiha or Messiah 的譯音。

基督教傳入中國，據基督教東方教會的傳說，以爲聖多默（St. Thomas）和聖巴爾多祿茂（St. Bartholomew）兩人即曾至中國傳教，大約在中國的後漢時候。第三世紀又有一位基督教人著書說基督教聖道所被各地，於波斯米太（Medes）而外並舉有 Seres。這種種說頭，因爲除了教中典籍以外別無可證，所以很難依據。大約還要以大秦景教流行中國碑所載，於貞觀九年（西元後六三五）由阿羅本傳入中國之說爲比較可靠。碑文中還有翻經書殿一語，可見景教傳入中國並且還將景教的經典譯成漢文。這種經典到底有無存在，內容怎樣，以前都毫無所知。前清光緒末葉，英國人斯坦因（M. A. Stein）和法國人伯希和（P. Pelliot）先後在甘肅敦煌發見了不少的古籍，其中就有景教經典在內現在知道還存在的有大秦景教三威蒙度讚、一神論序聽迷詩所經、志玄安樂經和宣元至本經五種。據三威蒙度讚後附尊經所說大秦景教本經目錄有五百三十部，後令景淨譯述纔得三十部；而近來學者考證序聽迷詩所經文字與三威蒙度讚一神論等文字各有不同，疑心景淨而後景教經典還有其他教士譯過。再就現存的景教典籍一看，可以感覺景教初入中國的時候，感受佛教的影響很大經文字句以及名辭大都模倣佛經。景教翻經的景淨並曾與佛教徒名般若者共同譯過胡本六波羅蜜經。雖然『般若不閑胡語復未解唐言，景淨不識梵文復未明釋教，』所以批評者說所譯的六波羅蜜經『雖稱傳譯未獲半珠，』但是景教教士初到中國，和佛教僧人混雜往來的情形，卻可以窺見一斑。

景教自貞觀九年傳入中國，歷十三代猶然流布未衰西元後八二三年以前，中國還有一所景教的教會教主名爲大衛（David），到了武宗以志學神仙師事道士趙歸眞、劉玄靖等至會昌五年（西元後八四五），遂有廢佛之舉。釋教既已釐革，大秦穆護祆等教亦視同邪法，不能獨存，於是名教教士本國人則勒令還俗遞解回籍，仍須完稅納糧；外國人則送還本處收管。所謂大秦卽是景教，也隨佛教同時銷聲匿跡。所幸會昌廢佛，爲時只二十年，佛法便又重振，大秦穆護各教以後怎樣，卻無明文可考。但就火祆摩尼諸教看來，歷唐宋元，猶未滅絕，景教大約也不會完全絕迹。第九世紀時，阿拉伯遊歷家 Abu Zaid 漫遊東方諸國，曾到廣州，稱之爲廣府。他到廣州，正是唐僖宗乾符五年（八七八）。黃巢圍攻廣州，據他所紀，廣府陷落，中國人被殺的不算，單是僑居廣府的大食、猶太及基督教人就有十二萬之多，第九世紀的一位阿拉伯人，據說他曾到過中國，並進見過唐朝的天子，皇帝同他大談其基督教故事，如諾亞（Noah）先知者，摩西（Moses）耶穌（Jesus）諸人的名姓都知道，並且坐右桌內還藏有諸人的畫像。由此可見唐末的時候，景教之在中國並沒有完全消滅。到宋太宗時，報達景教教主眷念中國教務，遣修士六人來查，看見各處教堂被毀，教友亦星流雲散，廢然而反。景教到了這個時候，眞是若存若亡，不絕如縷了。

但是景教之在中國，並沒有完全絕迹。西史上曾載宋時哈剌契丹國通國奉基督教，其國王有名鐸德若望的，曾與西洋奉教諸國使節往來不絕。十字軍時，鐸德若望並曾致書西洋奉教諸國，願與之聯盟以攻阿拉伯人。教皇以若望所奉係景教一派，正教鄙爲外道，因遣太醫官斐理伯使其國，勸之改崇正信，所謂哈剌契丹，卽是西遼；所謂鐸德若望有人以爲卽是西遼末帝直魯古。直魯古的父親也是鐸德。據說西遼皇室在十一世紀之初，德宗西遷前百年左右，卽已崇奉基督教。所以有人說遼興宗取名崇眞，改元景福。道宗齋僧好道，大約卽是信奉基督教。這種說法雖然難於置信，但是遼金時代，中國之確有景教，卻還有證據。元時有馬祖常者，以文學著名元代，可是他的祖先是西域人，就是信奉景教的，始遷至中國的爲和祿罘思，於遼道宗咸雍間（西元後一〇六五至一〇七四）來中國，家於甘肅之臨洮。馬氏金元以後，代有聞人，俱信奉景教，到元朝的馬祖常纔棄而從儒。這是遼金時代中國有景教的一個確證。不僅在文獻方面可以證明遼金時代中國有景教，今河北房山曾發見古十字寺遺蹟，有元順帝勅賜十字碑記，謂此爲遼時遺蹟，碑上並有古敍里亞文，義作仰望此依靠此。十字寺卽古代用以稱景教寺院的。由此看來，會昌廢佛而後，景教雖曾一時衰歇，但是並未中斷，其後蟬聯不絕，遼時時有從西域來的景教教徒流寓中國。所謂中斷，或者在中國南部稍爲零落，而北部卻仍流行民間。

到了元朝，蒙古鐵騎所及，遍於歐亞，於是西域諸國相率來朝，西域人流寓中國的也日盛一日；

那時稱此輩爲色目人，族別至四五十種。因爲外國人流寓中國的甚多，而屬於景教的基督教雖因黑衣大食（Abussides）衰落，報達景教教父的勢力失墜，然而景教的勢力仍然盛傳於中亞一帶。元時的色目人既多自中亞徙來，於是景教徒也因之東入中土，賡續李唐之盛。不過元代之稱景教，不曰景教而曰也里可溫，說者以爲也里可溫卽是阿拉伯文 Rethabium 字的對音，卽爲大秦景教流行中國碑中的阿羅訶。

元朝公文之類，大都以也里可溫和僧道醫儒答失蠻（回回教）並舉，到元中葉以後，並於禮部中特設一崇福司，管理也里可溫，可見也里可溫教人在那時的社會上不在少數，所以特設專官。其時鎮江一郡僑寓戶三千八百四十五家，而也里可溫有二十三家，每一百六十七家中有也里可溫一家；口軀合計一萬三千五百三人，也里可溫佔二百十五，每六十三人中有也里可溫一人。也里可溫人服官的也自不少。廣惠司卿聶只兒，淮南廉訪僉事馬世德，鎮江府路總管馬薛里吉思，總管兼府尹安震亨，達魯花赤兼管內勸農事闊里吉思，潭州路兼揚州達魯花赤闊里吉思之子魯合，鎮江府路達魯花赤兼管內勸農事太平，丹徒縣達魯花赤馬奧剌憨，斡羅思，同知廣東道宣慰使司副都元帥安馬里忽思及其子也里牙，又塔海，亦爲廣東道宣慰使司副都元帥，江浙行省左丞哈喇海北廉訪使康里不花，祕書少監失列門，著作郎雅古，奏差囊加台諸人都是也里可溫教徒。此中有良醫，有名臣，有文人學士；可見也里可溫一教中人物之盛。據當時東來的教士所紀，元朝太宗的皇后都剌吉納也崇奉景教，極爲熱心；宗室貴冑以及皇帝的太醫奉教的也很多。著名的文人有馬潤、馬祖常、馬世德、雅琥諸人。那時雍古部人大都信奉基督教，其中最著名的有高唐王闊里吉思。闊里吉思自身以及其父叔兄弟姊妹大都奉基督教。元世祖時東來之意大利人馬哥孛羅所著遊記中時時提到佐治王（King George）。據近人考證，以爲佐治王即高唐王闊里吉思。闊里吉思起初也是相信景教的，到後來遇見羅馬教皇派來的修士孟高未諾（Montecorvino），纔改從天主教。

據那時東來的教士所紀，元定宗時，以母后脫那哥那信教甚虔，所以皇宮附近別有聖堂一座。鎮江則以馬薛里吉思之努力，建有也里可溫寺七座，在銀山的名爲雲山聚明二寺；此外如鎮江的大興國寺；杭州城內薦橋東面三太傅祠之舊大普興寺；丹徒之安寺、高安寺；大興國寺側的甘泉寺；皆在闊里吉思所建七寺之內。據那時外國人的紀載，杭州特有一區（第三區），專住基督教徒；泉州等處也有基督教徒，並且發見許多基督教的遺物，這些大約都是所謂也里可溫的景教徒的遺物。

中國同西域交通，因而火祆摩尼回回佛教相繼傳入中國，其中如佛教等更自中國傳至高麗日本諸國；而與西亞交通的結果，則有景教東來，因爲有景教東來，後來歐洲人士聞知東方有同一信仰之人，爲之神往，於是羅馬教皇遂派遣修士正式同元朝通好。但是元朝之同西方信奉也里可溫教國家通往來，在元史上也屢見不一見。至元十九年，元朝曾遣廣東招討司楊廷璧招撫海外諸番，俱藍國（Koulan）也里可溫主兀咱撒里馬即遣使奉表進貢；至元九年，亦黑迷失曾奉使海外八羅孛國，十二年再使其國，八羅孛國諒來也信也里可溫。亦黑迷失歸國的時候，曾與其教士並攜聖油以反。所謂聖油，即是耶穌墓前燈油，馬哥孛羅遊記中也曾提到此事。因爲元朝對於基督教知道得很詳細，信奉的人也不少，西方羅馬教皇心想將這些信奉景教異端的基督教徒勸化過來，改信天主教，纔有遣使東來之舉；元世祖也因此有請求教皇派身通七藝之士一百人的使節：這都是爲明季中西交通復活伏一株根芽。關於宋元時代西方人士遊歷中國及羅馬教皇遣使東來諸端，俱見下章，現不能贅。

附註

唐朝的景教對當時的思想界究竟發生甚麼影響，以材料不足，很難考索。但是從當世人的著作中偶然可以窺見一二，如李白的上雲樂一詩，據近人研究，其中所詠便屬景教教理也。上雲樂辭曰：『金天之西，白日所沒，康老胡雛，生彼月窟。巉巖容儀，戌削風骨，碧玉炅炅雙目瞳，黃金拳拳兩鬢紅。華蓋垂下睫，嵩岳臨上脣，不覩詭譎貌，豈知造化神。大道是文康之嚴父，元氣乃文康之老親。撫頂弄盤古，推車轉天輪。云見日月初生時，鑄冶火精與水銀。陽烏未出谷，顧兔半藏身，女媧戲黃土，團作愚下人，散在六合間，濛濛若沙塵。生死了不盡，誰明此胡是仙眞！西海栽若木，東溟植扶桑，別來幾多時，枝葉萬里長。中國有七聖，半路頹鴻荒，陛下應運起，龍飛入咸陽。赤眉立盆子，白水興漢光。叱咤四海動，洪濤爲簸揚。舉足蹋紫微，天關自開張。老胡感至德，東來進仙倡。五色獅子，九苞鳳凰，是老胡雞犬，鳴舞飛帝鄉。淋漓颯沓，進退成行。能胡歌，獻漢酒，跪雙膝，並兩肘，散花指天舉素手。拜龍顏，獻聖壽。北斗戾，南山摧，天子九九八十一萬歲，長傾萬歲林！』所謂大道元氣，卽是景教的上帝，而撫頂弄盤古以下十二句，則爲基督教的創世說同中國相傳的神話糅雜而成，全篇中充滿了異國情調，同景教的風趣，以前註釋家多未留意及此。

唐時大秦寺僧景淨所述之景教流行中國碑是基督教史同中國宗教史上的一椿重要史料，今爲撮錄如次，以供參考。

景教流行中國碑頌(幷序)　大秦寺僧景淨述

粤若常然眞寂。先先而无元。窅然靈虛。後後而妙有。總玄樞而造化。妙衆聖以元尊者。其唯我三一妙身无元眞主阿羅訶歟。判十字以定四方。鼓元風而生二氣。暗空易而天地開。日月運而晝夜作。匠成萬物。然立初人。別賜良和。令鎮化海。渾元之性。虛而不盈。素蕩之心。本無希嗜。洎乎娑殫施妄。鈿飾純精。閒平大於此是之中。隙冥同于彼非之內。是以三百六十五種。肩隨結轍。競織法羅。或指物以託宗。或空有以淪二。或禱祀以邀福。或伐善以矯人。智慮營營。恩情役役。茫然無得。煎迫轉燒。積昧亡途。久迷休復。于是我三一分身景尊彌施訶。戢隱眞威。同人出代。神天宣慶。室女誕聖于大秦。景宿告祥。波斯覩耀以來貢。圓廿四聖有說之舊法。理家國于大猷。設三一淨風無言之新教。陶良用于正信。制八境之度。鍊塵成眞。啓三常之門。開生滅死。懸景日以破暗府。魔妄于是乎悉摧。棹慈航以登明宮。含靈于是乎既濟。能事斯畢。亭午昇眞。經留廿七部。張元化以發靈關。法浴水風。滌浮華而潔虛白。印持十字。融四照以合無拘。擊木震仁惠之音。東禮趣生榮之路。存鬚所以有外行。削頂所以無內情。不畜臧獲。均貴賤于人。不聚貨財。示罄遺于我。齋以伏識而成。戒以靜愼爲固。七時禮讚。大庇存亡。七日一薦。洗心反素。眞常之道。妙而難名。功用昭彰。強稱景教。惟道非聖不弘。聖非道不大。道聖符契。天下文明。

太宗文皇帝光華啓運。明聖臨人。大秦國有上德曰阿羅本。占青雲而載眞經。望風律以馳艱險。貞觀九祀。至于長安。帝使宰臣房公玄齡。總仗西郊。賓迎入內。翻經書殿。問道禁闈。深知正眞。特令傳授。貞觀十有二年秋七月。詔曰。道無常名。聖無常體。隨方設教。密濟羣生。大秦國大德阿羅本。遠將經像。來獻上京。詳其教旨。玄妙無爲。觀其元宗。生成立要。詞無繁說。理有忘筌。濟物利人。宜行天下。所司。卽于京義寧坊造大秦寺一所。度僧廿一人。宗周德喪。青駕西昇。巨唐道光。景風東扇。旋令有司。將帝寫眞。轉摸寺壁。天姿汎彩。英朗景門。聖迹騰祥。永輝法界。案西域圖記及漢魏史策。大秦國南統珊瑚之海。北極衆寶之山。西望仙境花林。東接長風弱水。

其士出火綄布。返魂香。明月珠。夜光璧。俗無寇盜。人有樂康。法非景不行。主非德不立。土宇廣闊。文物昌明。高宗大帝。克恭纘祖。潤色眞宗。而于諸州各置景寺。仍崇阿羅本爲鎭國大法主。法流十道。國富元休。寺滿百城。家殷景福。聖歷年。釋子用壯。騰口於東周。先天末。下士大笑。訕謗于西鎬。有若僧首羅含。大德及烈。並金方貴緒。物外高僧。共振玄綱。具維絕紐。玄宗至道皇帝。令寧國等五王。親臨福宇。建立壇場。法棟暫橈而更崇。道石時傾而復正。天寶初。令大將軍高力士。送五聖寫眞。寺內安置。賜絹百匹。奉慶睿圖。龍髯雖遠。弓劍可攀。日角舒光。天顏咫尺。三載。大秦國有僧佶和。瞻星向化。望日朝尊。詔僧羅含。僧普論等。一七人。與大德佶和。于興慶宮修功德。于是天題寺牓。額戴龍書。寶裝璀翠。灼爍丹霞。睿扎宏空。騰凌激日。寵賚比南山峻極。沛澤與東海齊深。道無不可。所可可名。聖無不作。所作可述。肅宗文明皇帝。於靈武等五郡。重立景寺。元善資而福祚開。大慶臨而皇業建。代宗文武皇帝。恢張聖運。從事無爲。每于降誕之辰。錫天香以告成功。頒御饌以光景衆。且乾以美利。故能廣生。聖以體元。故能亭毒。我建中聖神文武皇帝。披八政以黜陟幽明。闡九疇以唯新景命。化通玄理。祝無愧心。至于方大而虛。

專靜而恕。廣慈救衆苦。善貸被羣生者。我修行之大猷。汲引之階漸也。若使風雨時。天下靜。人
能理。物能清。存能昌。歿能樂。念生響應。情發自誠者。我景力能事之功用也。大施主金紫光祿
大夫。同朔方節度副使。試殿中監。賜紫袈裟僧伊斯。和而好惠。聞道勤行。遠自王舍之城。聿來
中夏。術高三代。藝博十全。始効節于丹庭。乃策名于王帳。中書令汾陽郡王郭公子儀。初總戎
于朔方也。肅宗俾之從邁。雖見親于臥內。不自異于行間。爲公爪牙。作軍耳目。能散祿賜。不積
于家。獻臨恩之頗黎。布辭憩之金罽。或仍其舊寺。或重廣法堂。崇飾廊宇。如翬斯飛。更効景門。
依仁施利。每歲集四寺僧徒。虔事精供。備諸五旬。餧者來而飰之。寒者來而衣之。病者療而起
之。死者葬而安之。清節達娑。未聞斯美。白衣景士。今見其人。願刻洪碑。以揚休烈。詞曰
眞主无元。湛寂常然。權輿匠化。起地立天。分身出代。救度無邊。日昇暗滅。咸證眞玄。赫赫文皇。
道冠前王。乘時撥亂。乾廓坤張。明明景教。言歸我唐。翻經建寺。存歿舟航。百福偕作。萬邦之康。
高宗纂祖。更築精宇。和宮敞朗。遍滿中土。眞道宣明。式封法主。人有樂康。物無災苦。玄宗啓聖。
克修眞正。御牓揚輝。天書蔚映。皇圖璀璨。率土高敬。庶績咸熙。人賴其慶。肅宗來復。天威引駕。

第七章　景教與也里可溫教　　七十一

聖日舒晶。祥風掃夜。祚歸皇室。祆氛永謝。止沸定塵。造我區夏。代宗孝義。德合天地。開貸生成。物資美利。香以報功。仁以作施。暘谷來威。月窟畢萃。建中統極。聿修明德。武肅四溟。文清萬域。燭臨人隱。鏡觀物色。六合昭蘇。百蠻取則。道惟廣兮應惟密。強名言兮演三一。主能作兮臣能述。建豐碑兮頌元吉。

大唐建中二年歲在作噩太簇月七日大耀森文日建立　時法主僧寧恕知東方之景衆也

朝議郎前行台州司士參軍呂秀巖書

關於研究景教流行中國碑的書籍實在太多，爲普通參考起見，明末耶穌會士陽瑪諾(Emmanuel Diaz) 的唐景教碑頌正詮，日本佐伯好郎的景教碑文研究和馮承鈞的景教流行中國考諸書都可以一看。至於元代也里可溫和其他基督教的情形，則陳垣的元也里可溫考，美國 Latoureth: The History of Christian Missions in China 以及 Yule-Cordier: Cathay and the Way Thither 都是很好的參考書。

第八章　中古時代到過中國的幾位外國人

漢武帝時張騫歸自西域，述諸國事，司馬遷的史記大宛列傳卽是採取張騫之言而成。隋書經籍志有張騫出關志一書，不知何人所作；要之中國所有紀述西域的文籍，要算根據張騫所說而寫成的大宛列傳爲最古而最確了。魏晉以降，中國同四裔的交通日益頻繁，述行紀遊之作也較前爲多，其中如：孫吳時康泰之吳時外國傳扶南記，朱應之扶南異物志，萬震之南州異物志，紀述海南諸國的風物，雖至今無從窺其全豹，卽其所存的一鱗片爪，也很足以考證諸國史事。六朝至唐佛教大盛，遊歷西域的也愈多，於是述作大興，如：法顯之佛國記同玄奘的大唐西域記原書具存，至今爲言印度史的雙寶；他如宋雲行紀，釋智猛遊行外國傳，釋曇景外國傳，釋法盛歷國傳，慧生行傳，慧超往五天竺傳，常愍遊天竺記，都是一些求法高僧以親歷目識之所得者著爲篇章；雖只殘篇斷簡，難窺全豹，然而於考西域諸國史事，補益很是不鮮。唐時王玄策奉國命三至印度，著有中天竺國行記，杜環因討大食被虜歸著經行記，二書可惜今已不存。其餘尚有達摩笈多彥琮合著大隋西國傳，彥琮與裴矩合修天竺記，裴矩西域圖記等等：單就隋書經籍志所紀，已不下五十餘種。這些都是隋唐以前的著作。宋以後，如諸蕃志，如島夷志略，如西使記、西遊錄、西遊記，如記鄭和下西洋的星槎瀛涯諸勝覽，以及陳誠西使記，又是一二十種。古代中國人遊歷外國所作的紀遊之書，可算很多，大都可以爲考正西域同海南諸國的古史之助。不過中古時代外國人遊歷中國，著有行記的也不在少數，其中也有足以補中國史籍之闕的，本章所要說的就是這些曾經到過中國而有遊記的外國遊歷家。

在中古時代的這些遊歷家中要以日本的圓仁一號慈覺大師者爲最先。圓仁於日本仁明天皇承和二年（唐文宗開成元年西元後八三六）隨遣唐大使藤原常嗣入唐求法，不幸船破，四年再度出發，五年七月始於揚州登陸。回國時爲承和十四年，在唐朝共住了十年。足跡曾經今河北、山東、山西、河南、陝西、安徽、江蘇七省。圓仁在這十年中曾有日記，名曰入唐求法巡禮行記，其時正當會昌廢佛的時候，行記關於當時唐朝的風俗、儀式、官府制度、地方組織，固然都有記載，政治戰爭以及外交問題，也常常道及。佛教方面紀載特詳，而道教摩尼教也間或述及。這部書在交通史以及唐代經濟史上都很有供獻。

圓仁入唐在開成元年，以會昌廢佛，不能立足，因而歸朝，那時已是大中元年。自此以後，會昌所廢諸寺重復興起，對於各教又恢復以前寬宏的態度。會昌廢佛，不僅對於諸教加上一種摧殘，即是流寓中國的外國人大約也受了一點影響。但是各教並未完全絕迹，外國人流寓中國的還是很多。

有兩位阿拉伯人曾於九世紀後半期遊歷過中國，後來歸國，留有紀錄。其中一個名爲 Ibn Wahab 本是 Hebar 的後人，父親名叫 Al Asud，世居 Busrah 城，其後以國中發生叛亂，此城大遭劫掠，不可終日，遂遷居到 Sīraf。一天看見有一艘海船揚帆啓椗，預備開往中國，因此激動了他漫遊的豪興，也就附舶而去，以圖一看那富麗離奇的中國。這時大約是西元後八一四年，即唐憲宗元和九年。先到中國的廣府，由廣府再到長安，途中凡歷兩月。到長安以後，晉見皇帝，對答多時。Ibn Wahab 所記的這些對話，很是有趣。據說皇帝以爲宇內凡有五王：阿拉伯國主据宇內之中，爲王中之王；次之爲唐朝皇帝，乃人類之王；又次爲突厥可汗，乃獅中之王；又次，爲五印度之象王，乃智慧之王；又次爲希臘王，乃人中之王也。又謂皇帝曾把一些的宗教畫，其中有諸亞方舟，摩西扶杖以色列人追隨其後，耶穌騎驢門弟子環侍，以及穆罕默德同其他先知者的畫像等很多。又說到當時長安的情形，同中國書上所紀相差不遠。其後 Ibn Wahab 頗蒙皇帝的優賚，從驛站送回廣府，備蒙當地官府的優待，然後回國。到西元後八五一年左右，即唐宣宗大中五年，又有一位阿拉伯商人名爲 Soliman 的，曾到中國廣州，說到當時廣州的蕃坊，以及廣州用竹木造屋，容易失火的情形。於阿拉伯的回教徒在中國的情形，也有所紀述。到唐僖宗時，黃巢作亂，中外通商，一時停頓。乾符五年（西元後八七八）黃巢陷廣州，焚殺極慘。恰在那時有一位阿拉伯人名爲 Abu Zaid 的，遊歷至此，據他所說，廣州城破以後，中國人殺死的，且不去說，單是回回教徒、猶太教徒、基督教徒以及波斯教徒殉難的就有十二萬人。自此以後，阿拉伯商人及船主大受迫害，於是只好成羣結隊歸回故國；這在中國同阿拉伯的交通上的確起了一大打擊。

Ibn Wahab 和 Abu Zaid 以後，阿拉伯人紀述到中國的，爲數甚多，如西元後八二〇年到八三〇年，Ibn Khurdadhbah 的道程郡國志 (The Book of Routes and Provinces)，西元後九〇三年左右的 Ibn Rosteh 所著的 Al-A'lak al-Nafisu, Mas'ūdi 的黃金牧場 (Meadows of Gold) 以及 Abu Dulaf Mis'ar Ibn Muhalhil, Abu Sa'īd Abd al-Haiy Ibn Duḥāk Gurdēzi, Edrisi 的地理書 (Geography) ,Benjamin of Tudela, Abulfeda (1273—1331) 諸人,都遺有紀錄說到中國,雖然有些只偶存一二,卻也可見一斑。此中如 Masūdī 如 Abū Dulaf Misar Ibn Muhalhil 如 Abulfeda 都曾到過中國,以其身歷,筆之於書;其他諸人大都得之傳聞;這些人大概都在宋元之際,其所紀述,雖然瑣屑錯亂的居多,但是可以考證中國史事的卻也不少。

十二世紀末,宋室就衰,北方金人的勢力很盛,在這時候蒙古人忽然蒼頭突起,蓋世人豪成吉思汗奮起平定乃蠻諸部,威名遠播,附近未服的只有金人。於十三世紀之初,遂興兵南征,金人不能敵,遷都汴京,以避蒙古的兵威,到西元後一二三四年,金人卒為太宗窩闊臺所滅,這是後話。當成吉斯汗平定各部,熠服金人之後,又征服西遼,於是勢力同西域的貨勒自彌相接觸。西元後一二一八年,耨口貨勒自彌殺蒙古使人商賈,決定大舉西伐,蒙古人混一歐亞,也即始於此時。成吉思汗親征西域,既滅貨勒自彌,凱旋回國,而遣部將速不台哲別窮追貨勒自彌蘇爾灘穆罕默德之子札剌勒丁，因此平定波斯，進略俄羅斯東南二邊。到了太宗窩闊臺憲宗蒙哥時，又曾兩度西征。元朝三次西征，中亞細亞、波斯、俄羅斯、馬札兒（Magyars）、波蘭（Poland）諸地俱爲蒙古兵力所征服。那時蒙古的勢力東起太平洋岸，西達波羅的海，南臨波斯灣，大汗的金牌可以直達歐亞，毫無阻礙，所以有人說蒙古西侵乃是將往日阻塞未通的道路，一一爲之開闢，以使一切民族，俱能聚首一堂，彼此交換意見；換一句話說，就是東西的文化在此時期得一度的開明的交通。在物質方面如指南針、火藥、雕版、印刷術、紙幣、紙牌、算盤之屬，近代史家以爲都是由蒙古西侵以後傳入歐洲的，而火礮、回回曆等也由西域方面傳入中國。

元朝混一歐亞，其在文化方面所發生的影響還不止此，最大的要算是歐洲文明曾一度想乘此東來，因而有了小小的交通，雖然這一次所謀無成，但是後來聖方濟各（St. Francis Xavier）輩之來中國，實是受有元代東來諸西洋教士的暗示。元朝三次西征，因建欽察、察哈台、伊兒三汗國，爲西北三藩，南俄、西亞、中亞一帶，胥成爲元朝宗室藩封之地。這般蒙古人同那些新環境接觸，因而改奉基督教的甚多，如伊爾汗國的旭烈兀、阿魯渾，卽奉基督教，台古塔爾（Tagudar Khan）合爾班答則曾受基督教洗禮，阿魯渾曾兩次遣使同羅馬教皇和英法兩國國王通好，合爾班答也曾同羅馬教皇和英法國王通過使節。伊兒汗國之阿八哈汗祖孫都曾娶過東羅馬王的女兒，合贊汗曾娶小阿美尼亞王女爲妻，小阿美尼亞王也曾娶過一蒙古公主。元世祖時候北京一畏吾兒人名瑪巴琑馬 (Mar Bar Sauma) 者奉命爲景教大主教，曾遊歷過羅馬和英法各國，法國菲力王 (Philip le Bel) 軍中有一蒙古工匠；元順帝時曾遣使到過羅馬教廷。這都是元朝時候到過歐洲的蒙古人。而在十三世紀末葉北京有基督教會十二所，有一意大利之方濟派教士爲遠東總主教，十四世紀初一法國人繼其任。此外法國婦人服役宮廷以及爲蒙古軍通譯和服務的英、法、俄、弗來銘諸國人都不少；歌伶飄泊風塵也有輾轉以至蒙古的；至於歐洲商人貿易東來的更多。這都是一些曾經到過中國的歐洲人。由這兩端看來，元代中西交通的密切也可概見了。

那時元朝的武力橫掃東西，而拔都建欽察汗國，又逼近歐洲，歐洲人震慄不置，稱蒙古人爲上帝之鞭，唯恐爲其蹂躪。一方面蒙古人掃蕩西亞，建立諸汗國，而諸汗信奉回教的不多，奉基督教加以保護的反數見不鮮。於是歐洲人又舊事重提，以爲往昔傳說中的僧人約翰就是成吉思汗，如教皇之流，因此頗想遣一介之使以教義相勸，使蒙古人不復為歐洲之害。一二四五年羅馬教皇英諾增（Pope Innocent）因召集里昂會議，於四月十六日議決派遣教士謁蒙古大汗，講信修睦，勸之信教。第一次秉節東征的偉人，即是有名的柏朗嘉賓（John of Plano Carpini）。

柏朗嘉賓，意大利人，屬聖方濟各會修士，為人博學多才，長於應對。奉命東行的時候，他的年齡已六十又五，身體很胖，但是他為宗教的熱忱所驅使，對於這樣的萬里長征，並不退縮，毅然前往受命的時候有一波希米亞人士提反（Friar Stephen）同往，中途疲憊，不能追隨，只賸有自不勒斯勞（Breslau）趕上的一位波蘭僧人名叫本篤（Friar Benedict）與之同行。那時雖是陽曆四月，而塞外寒冷，仍同嚴冬，冰雪塞途，柏朗嘉賓以六十高年同本篤二人孑身東邁，飢食乾糧，渴飲清水，其勞苦可想而知了。柏朗嘉賓東行，先到基輔（Kiev），見蒙古守將，告以來意，然後至撒拉依（Sarai）謁拔都，自此乘驛東行，計自歐洲里昂啓程為陽曆四月，到蒙古大汗駐節的和林，已經是七月末了。

柏朗嘉賓東來，帶有教皇致蒙古大汗的書信兩通：一書勸蒙古大汗率領臣民領洗入教；一書勸蒙古罷兵息戰，毋與基督教國家爲仇。柏朗嘉賓到和林爲一二四六年七月二十二日，那時元太宗殂逝，定宗恰於是年即位。定宗對於教皇的來書作一答函，要教皇與所屬諸侯王公親來和林朝貢，方允修和；至於信教，則回答更爲滑稽。總之，柏朗嘉賓這一次東來，竟是空跑一趟，對於教皇使命，毫無結果可言。可是就柏朗嘉賓所遺行紀看來，於當時東西交通的情形，卻可以窺見一二。柏朗嘉賓諸人到了和林，就寄居在一俄國人葛斯默(Cosmos)家中，葛氏也是教友，爲大汗御匠，御座和御璽都爲葛氏所造。那時流寓和林的歐洲教友正自不少，有俄國、希臘、匈牙利等國人，小亞細亞、阿美尼亞以及敍里亞諸國人爲數尤多。太后名都剌吉納，即中籍所稱爲六后者，也已奉教，皇宮附近，有聖堂一座，常按照希臘教規在內舉行彌撒祭等。流寓的歐洲教友頗有修士與神品班人；大汗御醫且有爲西方教友者。那時和林與中西交通的情形，正自可想而知了。

柏朗嘉賓這一次東行既沒有結果，一二四八年法蘭西王聖類思（St. Louis）因又派聖多明我會修士隆如美（André de Lonjumel）帶隨員六人出使和林，勸蒙古大汗信教，並以各種宗教畫繡幔贈予大汗。隆如美等到和林時，恰值定宗殂謝，國內無主，此次又成虛行，其時在一二四九年也，【在此以前西方人士還有小阿美尼亞王海屯（Hayton）之弟森巴德（Sempad）和角兒只王子大衞（David）兄弟俱於定宗卽位的時候，曾到過和林】。隆如美雖然失敗，聖類思並不灰心，第二次又派聖方濟各會修士羅柏魯（William of Rubruquis, 1215—1270）和巴爾多祿茂（Bartholomew）二人到蒙古大汗那裏去。二人先到拔都住處，由此再赴和林，啓程時爲一二五二年五月，到十二月末纔抵和林。羅柏魯此行目的在宣播教義，勸化大汗，但是所得結果並不見得比柏朗嘉賓爲佳；也是徒虛此行。羅柏魯在和林也遇見了不少的歐洲人，有法國的金銀匠，有爲某公主家保姆的法國少婦，又有日爾曼、匈牙利、俄羅斯諸國人，都信奉基督教。皇宮附近且有一形式如聖堂的大帳幕，內中有隱修士，係阿美尼亞司鐸，屬天主教。至於和林信奉景教的人尤其衆多，有貴族顯宦，有宗室近臣；有經堂一座。中國內地奉景教者凡有十五城，西安有主教一人。憲宗時候，曾召集各教英彥，爲其教辯護，儒釋道回各俱有人代表，基督教的就是羅柏魯。一二五四年七月初八日，羅柏魯自和林反國，第二年八月十五日方到本土。以聖類思已反國，羅柏魯因將所歷繕寫成書，呈上，並言蒙古所以強盛之理。後來歐洲中古時代有名的倍根（Roger Bacon）還曾會見過羅柏魯，細詢東行經過，倍根的 Opus Majus 一書中即有關於羅柏魯行程的札記。

羅柏魯以後到過中國的還有小阿美尼亞國王海屯第一，爲時在憲宗三年。海屯以後便是有名的孛羅諸人(Poli)了。柏朗嘉賓去中國時，同行的有伯萊斯拉夫(Breslaf)波蘭奧地利的商人，歸國時取道俄國，也有熱內亞(Genoa)威尼斯(Venice)的商人和他同行。可見那時歐洲人到東方來經商的爲數很多。尼可羅孛羅(Nicolo Polo)同弟馬飛孛羅(Maffio Polo)，俱爲意大利威尼斯人，一二六〇年經商於君士坦丁堡一帶，輾轉以至蒙古大汗之庭。時大汗爲忽必烈，見尼可羅等大喜，因繕書致教皇，請求教皇送精七藝善辭藻能辨論之耶穌信徒一百人東來說教，並欲取耶路撒冷聖陵長明燈油少許。命尼可羅兄弟將此信遞呈教皇。一二六九年(至元六年)，二人歸國，以舊教皇崩，新教皇尙未選出，因反故鄉威尼斯住一年多，乃攜尼可羅的兒子馬哥孛羅，共凡三人，一同東行。途中謁見新選出的教皇，教皇對於忽必烈要求派遣深通七藝的教士一百人之事，藉故推卻。這時已是一二七一年。馬哥等三人於是赴中國，到上都受命。馬哥孛羅那時雖只二十歲左右，人極聰明，頗爲元世祖忽必烈所愛，於是先後奉使到雲南、緬甸、占城、印度，又曾爲樞密副使、淮東道宣慰使。馬哥在中國計歷一十六年。到一二九二年，是爲元世祖至元二十九年，馬哥等忽動鄉思，正在那時科克淸伯岳吾公主下嫁波斯，元廷以馬哥等老於行旅，因命他們順便扈從公主到波斯，然後回國。馬哥等從泉州放洋，二十六個月始抵波斯。由波斯西歸時在途中聞忽必烈崩殂的消息，抵故鄉威尼斯後，就不復東來。這是中古旅行家中有名的馬哥孛羅的故事。

馬哥等歸故鄉以後，一二九八年威尼斯與熱內亞開戰，馬哥身與其役，兵敗被擒，獄中述其經歷，由羅斯梯謝奴（Rusticiano）爲之筆記，這就是現今世所共知的馬哥孛羅遊記。馬哥在中國前後十六年，曾參與過元廷大事，如誅阿合馬，如伐日本，馬哥都曾與聞，遊踪也極廣闊，遊記中所紀，頗多足以考見中國當日的情勢的。據馬哥所紀，元時的基督教也很盛行：親王乃顏即爲教徒，世祖以及伯顏的侍衛多爲奉教之亞蘭人。那時北京、泉州、西安各有景教總主教駐劄，北京有大教堂一所，甘州寧夏各有大教堂三所。鎮江路總管薛里吉思所建大興國寺，馬哥書中也曾提到。只可惜元世祖請求教皇派遣深通七藝信奉基督教教士百人東來一舉，竟爲教皇拒絕，坐望亞洲一望皆白，而竟無人收穫。否則以有深通七藝之士一百人東來，宣傳西方的學術同宗教，其所下的種子，比之明清之際利瑪竇諸人還有過之無不及呢。

馬哥孛羅諸人歸國在一二九二年，而在一二八九年的時候，又有意大利人孟高未諾（Jean de Montecorvino），奉羅馬教皇尼古拉斯第四(Nicolas IV)之命赴中國請建教堂，世祖許之，遂於北京建天主教教堂四所，各處來受洗的至六千人，並購兒童一百五十人，教之學希臘拉丁語。羅馬教皇大加稱許，晉孟高未諾為大主教，並別派教士七人東來，來幫助他。新約全書也由汗巴里(Khanbulig北京) 主教自拉丁文譯為蒙古文。一三〇七年北京主教為法蘭西人伯萊哥尼色(Preconise)，一三二八年信奉者達三萬人。那時又有一位法國教士名奧代理谷（Odoric of Podenone 一作和德理）到中國，遍遊中國各處，在泉州建立教堂多所；奧代理谷東來是取海道，從泉州上陸的。此外比較出名的歐洲人有泉州主教安德魯（Andrew of Perugia）。安德魯之前，尚有兩人；他們的教堂則是由一僑寓泉州的阿美尼亞女教友所修。又有約翰科拉（John of Cora）。這些由教皇派來的教士中間，有一位馬里諾利（John Marignolli），在中國書上也有紀載。元明之際盛傳的拂菻國獻天馬一事，就是紀這位馬里諾利的故事。此後還有一位阿拉伯商人名爲伊賓拔都他(Ibn Batutta)的，也曾到過中國泉州杭州一帶，遺有紀錄，其中所述泉杭諸州事，大可以補正中籍所未備。自此以後，中國則元室日就衰微，到處大亂，卒至朱元璋崛起民間，代元而有天下。在西方則突厥人忽然興起，陸上交通以及西方同東方的貿易都在他掌握之中，於是東西交通，一時阻塞。這樣消沈了一二百年，到十五十六世紀的時候，東西交通方又重開，於是乃有明清之際西學之輿，爲中國同西方鄰國往古交通作一殿軍，這是後話，其大略見於第九章中，今不贅。

附注

中古時代到過中國的外國人，爲數很多，今爲簡明起見，根據李思純元史學中歐洲人至中國表，稍加擴充，別成一表，附於本章之末。

西名	漢名	國籍	教派	到中國時次	東來原因	曾至何地	附記
Ibn Wahab		阿拉伯人		八一四（唐憲宗元和九年）	遊歷	廣州長安	
Soliman		同上		八五一（唐宣宗大中五年）	同上	廣州	
Abu Zaid		同上		八七八（唐僖宗乾符五年）	同上	同上	有遊記

Mas'sudi		同上		?	?	?	
Abu Dulaf Mis'ar Ibn Muhalhil		同上		九四一（後晉高祖天福六年）	伴中國使臣歸國	成都（?）	
Benjamin of Tudela		Tudela		?	?	?	
Abulfeda		阿拉伯人				杭州泉州廣州揚州	有遊記
Plano of Carpini	柏朗嘉賓	意大利人	聖方濟各會	一二四六（元定宗元年）	羅馬教皇 Innocent IV派使蒙古	和林	有遊記
Benedictine	本篤	同上	同上	同上	同上	同上	
Sempade		小阿美尼亞人		同上	阿美尼亞王 Haithon I 弟奉命來朝	同上	
two Davids		Georgia人		同上	大衞兄弟皆角兒只王子被徵入朝	同上	
Ywroslaf		俄羅斯人		同上	俄羅斯王子奉命入朝中毒死	同上	
Michael		同上		同上	俄羅斯王子入朝不跪拜被殺	同上	
Alexandre		同上		同上	Ywroslaf 之弟兄死後奉命入朝	同上	
Andrew		同上		同上	同上	同上	
André de Lonjumel	隆如美	法國人	聖多明我會	一二四九（元定宗九年）	法國國王聖路易派使蒙古勸蒙古信教	同上	

William of Rubruquis	羅柏魯	同上	聖方濟各會	一二五三（元憲宗三年）	同上	同上	有遊記
Haithon I		小阿美尼亞人		一二五四（元憲宗四年）	小阿美尼亞國王奉命入朝	同上	
Nicolo Polo		意大利威尼斯人		一二六〇（元世祖至元元年）	經商中國一二六八年齎大汗命反歐洲	北京	
Maffio Polo		同上		同上	同上	同上	
Marco Polo	馬哥孛羅	同上		一二七一（元世祖至元）	一二七一年與父Nicols等至中國歷任要職一二九二年扈科克清伯岳吾公主歸歐洲	北京及中國東南西南各地	有遊記
Ismailgen	亦思馬因	波斯人		一二七四（元世祖至元九年）	此下至馬合摩德皆波斯大馬色城等處砲手阿八哈汗遣往中國助攻襄陽	襄陽	
Alai ut din	阿老瓦丁	同上		同上	同上	同上	
Ababack	阿八伯克	同上		同上	同上	同上	
Iblash	伊伯拉希	同上		同上	同上	同上	
Mahommed	馬合摩德	同上		同上	同上	同上	
John of Monte-corvino	孟高未諾	歐洲人	聖方濟各會	一二九二左右（元世祖至元廿九至卅年）	教皇 Nicolas IV 派之來蒙古開教	北京	

Master Peter of Lucolongo		同上		同上	同孟高未諾來中國經商	北京	
Thomas		同上		一三一一	教皇Clement V派自此以下三人至北京助孟高未諾佈教	同上	
Jerome		同上		同上	同上	同上	
Peter of Florence		同上		同上	同上	北京泉州	
Andrew of Perugia		同上		一三〇八	爲泉州主教繼Peregrine之任	同上	
Friar Peregrine		同上		同上	偕Andrew of Perugia同來中國爲泉州主教	同上	
John de Marignolli		同上		一三四二	一三三八年元順帝遣使者十六人至教皇許以一法朗克人Andrew爲首一三三九年因派使報之共三十二人一三四二年到北京住三四年	同上	
Ibn Batutta		阿拉伯人		一三四七		泉州杭州	

John de Marignolli，東來，中國史籍上也有所紀載，張星烺先生有中國史書上關於馬黎諾里使節之紀載一文，登於史學與地學第三期，又燕京學報第五期，可以參看。至於馬哥孛羅

遊記張先生迻譯全書，用功最勤，現已出有導言及第一卷各一册。

中古時代外國人紀載到中國路程的也自不少，今選譯兩家，以概其餘。其一見（Ibn Khurdâdhbah 的The Book of Routes and Provinces，辭曰：『自 Sanf （占城）到中國第一大埠曰 Al-wakîn（交州龍編？）無論海陸，爲道俱一百程。在此有優美的中國鐵器瓷器和米。Al-wakîn 爲中國一大埠，由此到 Khanfu （廣府），海道四日，陸道二十日。廣府產各種水菓、菜蔬、小麥、大麥、米、甘蔗之屬。自廣府到 Janfu （泉府），凡八日，所產與廣府同。然後再行六日，遂到 Kantu （江都）。中國無論何埠都有一可以通航的河道，水勢每因潮水而爲進退。江都出產鵝鴨及各種野禽之屬。自 Al-maïd 沿海到中國的又一端，航行要兩個月』。

（下略）

又有一部書名爲 Abu Sa'īd Abd al-Haiy Ibn Duhāk Gardīzi，內中曾紀有陸道到中國的路程，以爲『從 Toghuzghuz（回鶻？）的 Čǐnandjket （此即 Turfān-Kara Khodjo）到 Kumul 八日；到了 Bagh Shurā，一定要乘小船渡過一道河；然後在草原中

行七日，一望只是水井牧場，於是就到沙州，第七世紀以後，稱爲敦煌；現在路程是過安西府以向沙州的西北；自此行三日到一石礫充塞的戈壁，再七日到肅州；三日到甘州；八日到 Kuča；又十五日臨一河，名爲 Kiyan（黄河？）可以通船。從 Baghshūrā 到中國的長安，路上要經過一月，若是將全程都算在內，要四十三日』。

這兩家都是在第九世紀末葉到第十世紀之初，可與唐賈耽的邊州入四夷道里對比；唐宋間中國同西方水陸交通的路線，觀此大致可以明白了。

第九章　明清之際之中西交通與西學

中西的交通，到了元朝本已豁然開朗。不謂元世祖一死，元室日卽衰零，更無餘暇經營域外。西洋方面則以突厥人興起，東西陸路交通爲之梗塞。於是中國同西洋在以前本已交通無阻的，至是又山程水程，不相聞問。不過歐洲方面經過文藝復興和十字軍諸役，得了希臘文明和東方傳來的羅盤等等，於是發見了人，更發見了世宙。到了十五世紀之末，因爲經濟同其他的原因，航海之風大盛。中國呢，在明初的時候，正是一個新興的國家，諸事蓬勃，明成祖又雄才大略，頗有經略四夷的雄心。因此卒有十五世紀末葉東西兩方對於發見新地開拓疆土，不侔而合的情事發生。

元世祖時，曾遣使臣到過南洋一帶，並曾征討過爪哇。到了明成祖永樂時，國勢方盛，遂有派三寶太監鄭和七下西洋之舉。鄭和之下西洋，始於永樂三年，止於宣德七年，前後共歷二十八年；南洋各處，大率有其足跡，最西竟及於非洲的木骨都束，有人說他還曾環繞過馬達加斯加島（Madagascar），距好望角不遠。試查中國史書同異域交通，足跡之遠比得上鄭和的竟是沒有；這不能不算是中國史上的一位偉人。鄭和下西洋在十五世紀末葉，而西洋方面在這時候，也卻不甘寂寞，熱心探險。歐洲各國以國主的提倡和經濟上的需要，於是航海探尋新地之風，一時大盛。一四四八年葡萄牙人到赤道北一千五百哩處；一四八六年地亞士（Bartholomew Diaz）發見好望角；一四九二年哥倫布發見美洲；一四九七年葡萄牙人德伽馬（Vasco da Gama）抵印度；一四九八年麥哲倫環繞好望角，達到印度；於是阻塞數百年的東方與西方至是始又復通。這其間西方的努力探索新地同中國鄭和的七下西洋，一先一後，相距不過半世紀，眞是世界史上一樁奇蹟！

自達東方的新路發見以後，於是葡萄牙、西班牙、荷蘭、英國俱相繼東來，殖民於南洋同印度一帶。最後遂將勢力伸張到遠東的中國同日本。首先到中國的是葡萄牙。正德十一年（西元後一五一六）Rafael Perestrello 到中國，明年；Ferdinand Andrade 等又到廣東，泊上川島；自是以後，來者日多。到嘉靖中葉，上川雪白及澳門遂成爲葡人的居留地；寧波泉漳諸州也有此輩的踪跡；後來都移居於澳門。嘉靖末葉，葡萄牙公然視澳門爲殖民地，設官治理。明史稱此輩爲佛朗機。後來西班牙、荷蘭、英國相繼而來。荷蘭則據澎湖列島及臺灣；崇禎時英國人到廣州。明季廣東文武官月俸，多用番貨來代，其盛可以想見。明亡清繼，外國商人到中國來的日益加多；中外通商史上有名的廣州十三洋行，就始於清初的時候。關於這一類交通的史實，本書以爲篇幅所限，不能多說，只能就中西交通以後，明末清初之際，西洋學術的奇葩在中國思想史上作曇花一現的情形略述一二；求詳求盡，還當別求專講明清之際的西學一類書籍。

中西交通復興以後，在文化方面所表見的第一便是基督教的再度傳入。最初想入中國傳教的是聖方濟各沙勿略（St. Frangis Xavier）。聖方濟各於明嘉靖二十九年（一五五〇）乘葡船入中國廣東之上川島，百計不能入境，遂病歿於此。其後聖多明我會、聖奧斯定會、聖方濟各會修士每多潛入中國內地如廣東福建等處，沒有多少時候就被逐出境。只有澳門因爲西洋人聚集很多，曾立有教堂，並由教皇簡派主教駐劄澳門，統管中國日本一切教務。萬曆九年（一五七九），耶穌會士意大利人利瑪竇（Matteo Ricci）抵澳門，其年有耶穌會士羅明堅（Michael Ruggieri）得入廣東。萬曆十年，利瑪竇同羅明堅一同至廣東端州（今肇慶）開教；基督教自元朝滅亡，久絕於中國，至是始又復通。利瑪竇在廣東宣傳基督教，同中國的士大夫往來，教義而外，並以西洋的科學點點滴滴地介紹過來，頗得一些士大夫階級的信仰。因為中國士大夫的慫恿，於是由廣東經江西到南京；不遇，又反廣東。後又到南京結交京朝士夫；萬曆二十八年（一六〇〇）又到北京，遂於其地開教。自此以後，中國士大夫信者漸多，西洋教士如龐迪我等相繼而來，當時有名的官吏如李之藻、楊廷筠、徐光啓、瞿太素等，都靡然從風，基督教的勢力一時很盛。到了清朝，如湯若望（John Adam Shull von Bell）、南懷仁（Ferdinand Verbiest）諸人供職欽天監，頗蒙清帝的信用，基督教徒打着水部侍郎南的旗幟便可以各處遊行無忌。廣東、福建、浙江、江蘇各處教務都很興盛。

萬曆二十八年，利瑪竇到北京，上書神宗，所獻諸物，於天主天主母像天主經十字架而外，且有報時鐘萬國圖志及西琴諸物。他在肇慶的時候，就間製地圖渾儀天地球考時晷報時具贈於當道。他所畫的萬國輿圖至今尚有存者。利氏還著有乾坤體義一書專論大地。其後艾儒略（Giulio Aleni）增補利氏萬國輿圖，而成職方外紀。南懷仁也有坤輿全圖和坤輿圖說之作。這都是西洋教士最初以西洋地理學介紹到中國來的。這種西洋的地理學介紹到中國以後所生最大的效果，便是康熙時候派西洋教士到中國各省測量繪畫地圖，一舉前後歷時九年始成皇輿全覽圖一書，此後中外輿圖大都以此爲藍本。中國的輿圖學雖然肇端很早，禹跡華夷諸圖雖也有可觀，但多憑臆爲之，正式用科學的方法求得全國輿圖的眞形，還是以此爲始。所以自有西洋教士傳入西學而後，中國人纔眞正知道中國地輿的形像。

西洋的地理學傳入中國，使中國人對於空間上得一新觀念，而西洋的天文曆算傳入以後，中國在對於時間方面的知識上也起了空前的革命。當利瑪竇到北京的時候，明朝欽天監以推算日月食累俱不驗，於是很有許多人主張改曆的。利氏在本國對於天文曆算之學本來研究很精，因此到北京上疏，疏中說天地圖及度數深測其祕，所製觀象攷驗日晷，與中國古法吻合云云。利氏當時雖未獲展其學，可是利氏死後，修改曆法的需要日甚，到萬曆三十八年，遂有信奉西學的五官正周子愚薦龐迪我（Diego de Pantoja）熊三拔（Sabuthius de Ursis）和徐光啓李之藻諸人修曆，後來以監官據大統回回諸曆推日食不驗，乃徵取西士開局修改，以徐光啓督修新法，成書數百卷。而新法曆竟因舊派人士的阻撓，在明朝始終未能見用。清順治時，始令西洋教士湯若望以西法測驗天象，改用新法；湯若望且賜號通微教師。康熙初，以舊派人士如楊光先之流對於新法詆毀甚力，並誣其謀反，於是湯若望、南懷仁等俱拿問待罪；康熙四年湯若望竟死於獄中。不過楊光先的觀測推算究竟不準，新法到頭仍得勝利；康熙帝自此以後反更重用西士，製永年曆法，並修曆象考成；乾隆時戴進賢（Ignace Kögler）又修儀象考成。康熙以前關於天文學說方面雖多介紹第谷（Brake Tycho）的學說，以為日動，但是到了戴進賢，哥白尼（Nikolaus Copernicus）地動之說隨又傳入。此外在算學方面，啓發介紹，影響也自不小：利瑪竇著乾坤體義，說到數學；徐光啓利瑪竇合譯幾何原本，為西算輸入中國之始。此外還有李之藻譯圜容較義、同文算指，徐光啓譯測量法義，穆尼閣（Johann Nikolaus Smogolenski）傳入對數表；康熙末葉西洋的代數學也傳入中國，稱為借根方。西洋算學傳入中國以後，中國人研算最精的當推梅文鼎、王錫闡、戴震諸人。

利瑪竇上表明神宗，所獻有報時鐘二架。那時西士又有自鳴鐘說一書，大約即是述其製作之概。崇禎時候畢方濟（Francisco Sanbinso）上疏，所獻有千里鏡一筒。湯若望後著遠鏡說，述其原理；這是西洋的光學最初傳入中國。那時耶穌會士金尼閣（Nicolas Trigault）到中國，攜來彼中國圖書七千餘部，陝西王徵因艾儒略之授，取其中言應用小學的一部分圖說，譯成遠西奇器圖說一書。萬曆時李之藻從西士熊三拔譯泰西水法一書，述取水蓄水等力學機械。徐光啓編農政全書，其中也有不少牽涉到應用物理學的處所。後來方以智戴震諸人頗有依據西法創造新器以及解釋物理者。至於圓明園中的水木明瑟一景和乾隆時揚州平山堂的水竹居，都應用西洋水法造成，那又是實地應用到建築方面去了。

崇禎時畢方濟上疏中有『萬目時艱，思所以恢復封疆而裨益國家者：一曰明曆法以昭大統；二曰辨礦脈以裕軍需；三曰通西商以官海利；四曰購西銃以資戰守』。明朝因爲對付滿洲，對於防敵禦侮的利器如西洋大礮之屬，感着急切的需要。天啓時曾派使澳門，命羅如望（Johannes de Rocha）、陽瑪諾（Emmanuel Diaz）、龍華民（Nicolaus Longobardi）等監製西洋大礮。至是畢方濟又以此爲請。於是教士陸若漢（Johannes Rodriguez）同澳門西紳公沙的西勞（Gonzaeves Texeira）乃率西兵攜帶銃礮，效力中朝，屢經戰陣。其後湯若望並曾替明廷大鑄其礮，焦勗述其所授，成火攻挈要一書，對於西洋諸式火器的鑄造運用安置以及子彈火藥火箭地雷等等的製造法，敘述很詳。到了清朝康熙時候，又用了南懷仁爲鑄西洋大礮幾百尊，分配各省。南懷仁又編有神武圖說，也是講究西洋銃礮之術的。至於畢方濟所云辨礦脈以裕軍需一節，則湯若望於崇禎十六年（一六四三）奉命赴薊督軍前，除教授火器水利外，並及採礦之法。可惜明朝隨卽滅亡，此事竟未及舉辦。

此外如高一志（Alfonso Vagnoni）之空際格致，闡明火氣水土爲宇宙四大原素之說。鄧玉函（Jean Terenz）的人身說概，卽是西方的人體學。利瑪竇進呈各物中有西琴一張，又著有西琴八曲；康熙時有徐日昇（Thomas Pereyra）等成律呂正義續編，述西方『絃音清濁二均遞轉合聲之法』這是西洋音樂之開始傳入中國。至於那時教堂遍設各省，堂中多有西琴，趙甌北屈翁山都曾見到，那又當別論。

此外在美術方面，明清之際西洋美術傳入中國，多少也不無可觀。利瑪竇東來，曾以天主和天主母像進呈，又曾以尼各老修士（Pere Nicolaus）在日本長崎畫院所雕印的宗教畫送給程大約，程氏以之刻入墨苑。金尼閣攜來彼中圖書，其中卽有不少插有圖畫的。湯若望進呈圖像六十四幀，所畫都爲基督教故事，書今不傳；只楊光先不得已中尚存四幀。這和利子所傳，俱是明清之際西洋傳來的美術。到了清朝，採用西洋曆算，欽天監中西士濟濟稱盛，其中很有懂得畫學的。其後如艾啓蒙（Ignatius Sichelparth）、郎世甯（Jeseph Castiglione）之流，竟以西洋畫人而供職畫院，在中國美術史上攙入了一點新風趣。不僅西洋畫人供職畫院而已，中國人如焦秉貞、張恕、崔鏏諸人，竟也仿學西畫，寸幅之中，呈千巖萬壑之勢，而層次井然。那時西洋的寫眞術也已傳入中國；也有人學爲西洋寫眞的。建築方面也有採取西洋風趣的，如圓明園中諧奇趣、遠音觀和水木明瑟，卽是一種西洋風的作品。那時的西洋教士親自參與爲圓明園繪畫雕飾的也自不少。至今圓明園雖已殘敗，而希臘式大理石柱猶自矗立於斜陽暮靄之中，可以表見清初的一點西洋風趣哩！至於廣州十三洋行的碧堂和揚州仿碧堂而造的澄碧堂，乃是民間建築之模仿西洋者。那時西洋瓷器嘗有傳入廣東，一帶的景德鎭瓷器圖案也采用西式，有洋彩之稱；西式圖案一時風行，竟用舊式而上之。西洋教士如殷弘緒（François-Xavier d'Entrecolles）之流，俱曾親至景德鎭考察瓷器。清初有名的畫家如鄒一桂，對於西洋畫法，也不能不承認其精微近眞；而吳漁山竟信從天主教，這又是清初六大家中異軍特出的了。

明清之際，西洋教士所傳入開創的還有聲音文字一端。利瑪竇初到中國，因爲言語文字未達，苦心學習，按圖畫人物倩人指點，始漸曉語言，旁通文字。後來因用羅馬字拼切漢語。金尼閣著西儒耳目資也是這樣。這對於西洋人學習漢語，程功甚易，而在他一方面因爲用羅馬字表出中國的聲母同韻母，給予一定的音標，於是分析音素，審定音值，俱覺容易。這在中國音韻學上的是一大供獻。後來如方以智旋韻圖、楊選杞同然圖，都受有耶穌會士的影響。至於劉繼莊自華嚴字母悟入，參以天竺陀羅尼、泰西蠟頂話，小西天梵書暨天方蒙古女眞等音，作新韻譜以攝萬有不齊之聲。繼莊想利用西洋以及其他各種字母，改定中國的語音，科條嚴密，體大思精，可惜書佚不傳，不然在清代古音學史上必可放一異彩呢。

即是西洋的哲學傳入的也頗有可觀。歐洲在中古時代，希臘亞理斯多德（Aristotle）的學說盛行一時，耶穌會教士東來中土，亞氏學說也隨以傳入。天啓時候，葡萄牙人傅汎際(Francesco

Fustado）到杭州，同李之藻相往來，後遂與譯亞理斯多德之書，成寰有詮六卷，名理探十卷。寰有詮乃先就諸有形之類，摘取形天土水氣火所名五大有者爲之創譯；就是亞氏物理學的一部分。名理探爲 Coïmbre 大學院的課本，乃亞氏論理學的節本，是愛知學的先導；李氏譯名學之音爲絡日伽（Logica）。現今中西大通，關於亞氏著作，除倫理學以外，尚無譯本，不料三百年前便已有此偉作！寰有詮名理探而外，便讓利類思（Ludoricus Buglis）所譯聖多瑪斯（St. Thomas）的超性學要（Somme Thiologique）。此外如畢方濟的靈言蠡勺，艾儒略的性學觕述，都是論述形而上學方面的靈魂之作。至於耶穌會士所著討論神學之作更是繁多。由此看來，明清之際西洋教士介紹過來的哲學，仍未能脫歐洲中古時代的窠臼，繳繞於亞理斯多德和基督教神學之中。不過自有西洋哲學傳入中國，中國士大夫討論到形上的問題，每多以泰西之說反證中學的：如方以智物理小識時引西說，即是一例。而宋元學案晦翁學案中間枯槁之意，亦有性是如何一段，黃百家即謂『泰西分人物三等：人爲萬物之首，有靈魂；動物能食色，有覺魂；草木無知，有生魂，頗諦當』。用西洋的哲學來解釋中國的舊說，這也足以見出那時西學流行的狀況，和中國學者擇善而從的情形。

不幸者如寰有詮名理探等書，文字過於艱澀，以至未能光昌，眞是可惜。

在明清之際，西學傳入中國，雖不甚成片段，點點滴滴，卻也頗有可觀。同時，東來的教士對於中國學問也頗曾盡力爲之介紹到西方去。利瑪竇卽曾將中國四書譯以西文，寄回本國。其後耶穌會士柏應理（Philippe Couplet）自中國反羅馬，曾以耶穌會教士所譯華籍四百餘部晉呈教皇。到了十六十七世紀，歐洲思想界中因此遂有一種新的因素加入其間，中國的學問同美術一時很爲歐洲各國所歡迎。美術方面則有一種羅科科（Rococo）運動，喜歡將中國風趣點綴到庭園和器物上去。歐洲的大學者如歌德（Goethe）福耳泰（Voltaire）諸人思想中也時時流露一二中國的成分在內。那時歐洲經濟學一門正是重農學派（physiocrats）興起的時候，法國經濟學名家堵哥（Turgot）的學說，據說卽受有中國的影響。東西文化之交光互影，正不必等到三百年以後呢。

但是明清之際西洋學術移植到中國，僅成曇華一現，當時思想界上並未發生多大的影響，遠不及印度佛教。這其間的原因自然很多，大致說來不外四端：第一，當時西洋教士傳入西學多是間接傳授，如李之藻、徐光啓、焦勗之流，無非憑西士口授然後達之以辭。不能直接去探討西學。第二，如艾啓蒙、郎世寧之以西洋畫供奉畫苑名動公卿，很可以灌輸一點西洋畫學，可是他們所畫的東西，中國人既瞧不起西洋人也說他不像，他們自己也不勝悔恨以爲乃是違心之作。於是這些人所畫乃成三面不討好的形勢，自然歸於淘汰了。第三，明清之際反對西士的運動太厲害了。如明朝之沈維，清初之楊光先攻擊西學，在曆數方面雖然失敗，而楊光先諸人的攻擊還帶有倫理的意味在內，是一種思想上的衝突。以爲西洋教士所宣傳的教義根本有悖於中國文武周公孔子歷聖相傳之心法。這種說頭也如後來曾國藩之檄討太平軍，很能引起一般士大夫的同情。第四，西洋教士自身對於中國文化的態度也分作兩派。利瑪竇等以中國之祀先敬孔非屬異端；龍華民等則視爲異端。其後龍華民一派在教廷方面得勝，教皇立禁約七條，對於祀先敬孔兩端，絕對不許通融。中國士大夫對此固表不滿，清廷對此以爲干涉內政。所以康熙時教皇派專使東來，清廷卽大不高興，乾隆時鐸羅（Tourmon）來後竟然決裂。清廷乃決意禁止基督教。基督教一禁，教士東來者少，西學也自然而然地受了狂風暴雨的摧殘，中途夭折了！

附注

最近從清宮內發見康熙時教皇七條禁約同康熙對於此事的諭旨，很可以代表當時中西思想衝突的情形，今爲摘錄如次，以資參考。

教宗禁約

教王第十一格勒門得傳爲永遠世世悉知之事。自從我作教王，第一日以至今，我料理諸事雖多，至於衆西洋人在中國互相爭論，此是我第一件要緊事。在中國衆西洋人因看見中國有幾個字，還有幾件禮；也有說此有異端之事，也有說此無異端之事。因此爭論，寄信與我，彼此相告，要我自己決斷。我所定奪，叫他們衆西洋人一心一意。此一件事，從先前在位教王第十二殷諾深爵料理起首，因他亡故，此事到我跟前，我將兩邊所告言詞，細細詳審，後於天主降生一千七百四年十一月二十日（康熙四十三年九月內）俱已定奪，開寫於後：

一、西洋地方稱呼天地萬物之主，用斗斯二字。此二字在中國用不成話，所以在中國之西洋人並入天主教之人方用天主二字，已經日久。從今以後，總不許用天字，亦不許用上帝字眼，只稱呼天地萬物之主。如敬天二字之扁若未懸掛，卽不必懸掛；若已曾懸掛在天主堂內，卽取下來，不許懸掛。

一、春秋二季祭孔子並祭祖宗之大禮，凡入教之人不許作主祭助祭之事，連入教之人亦不許在此處站立；因爲此與異端相同。

一、凡入天主教之官員或進士舉人生員等，於每月初一日十五日不許入孔子廟行禮。或有新上任之官，並新得進士新得舉人生員者，亦俱不許入孔子廟行禮。

一、凡入天主教之人，不許入祠堂行一切之禮。

一、凡入天主教之人或在家裏、或在墳上，或逢弔喪之事，俱不許行禮；或本教與別教之人若相會時，亦不許行此禮；因爲還是異端之事。再入天主教之人或說我並不曾行異端之事，我不過要報本的意思，我不求福，亦不求免禍；雖有如此說話者亦不可。

一、凡遇別教之人行此禮之時，入天主教之人若要講究，恐生是非，只好在旁邊站立，還使得。

一、凡入天主教之人，不許依中國規矩留牌位在家，因有靈位、神主等字眼，又指牌位上邊說有靈魂。要立牌位，只許寫亡人名字。再牌位作法，如無異端之事，如此留在家裏可也。但牌位旁邊應寫天主教孝敬父母之道理。

以上我雖如此定奪，中國餘外還有別樣之禮，毫無異端，或與異端亦毫不相似者，如齊家治國之道，俱可遵行。今有可行與不可行之禮，俱由教王使臣定奪。若教王之使臣不在中國，有主事之人同主教之人，即可定奪。有與天主教不相反者許行，相反者俱決斷不行。天主降生一千七百十年九月二十五日（康熙四十九年八月內）以上禁止條約之禮屢次查明之後，仍定奪照此禁止條約遵行。再我差使臣多羅於天主降生一千七百七年正月二十五日（康熙四十六年十二月內）在中國亦如此定奪照此禁止條約遵行。我所禁止之事，如此而已。我教王自今以後，不論你們大人小人之言語，我俱不聽信。於天主降生一千七百十年九月二十五日（康熙四十九年八月內），我已定奪主意，諸事俱各完畢，還有人不肯順從。我聞得有在中國西洋人也有說我自己把我發的票禁止不行；也有說此票不明；也有說此票之解說還未到中國；也有說於天主降生一千六百五十六年三月二十三日在位教王亞勒桑多准行此禁止條約之禮等語。以上之言，我心甚是不悅。因此我於天主降生一千七百一十五年三月十九日又寫此禁止條約帶去申明嚴示在中國之衆西洋人悉知，卽便遵行。如或不然，我依天主教之罰處。自今以後，凡西洋人在中國傳教，或再有往中國去傳教者，必然於未傳教之先在天主臺前發誓謹守此禁止條約之禮。隨後卽將發誓之音信寄到羅瑪府來。

康熙諭旨

康熙五十九年十一月十八日上召西洋人蘇霖白晉巴多明穆敬遠戴進賢嚴嘉樂麥大成倪天爵湯尙賢雷孝思馮秉正馬國賢費隱羅懷忠安泰徐茂盛張安多殷弘緒等至乾淸宮西暖閣。上面諭爾西洋人自利瑪竇到中國二百餘年，並無貪淫邪亂，無非修道，平安無事，未犯中國法度。自西洋航海九萬里之遙者，爲情願效力。朕因軫念遠人，俯垂矜恤，以示中華帝王不分內外，使爾等各獻其長，出入禁庭，曲賜優容致意。爾等所行之教，與中國毫無損益，卽爾等去留，亦無關涉。因自多羅來時，誤聽教下閻當不通文理，妄誕議論。若本人略通中國文章道理，亦爲可恕，伊不但不知文理，卽目不識丁，如何輕論中國理義之是非。卽如以天爲物，不可敬天，譬如上章謝恩必稱皇帝陛下階下等語。又如過御座無不趨蹌起敬，總是敬君之心，隨處皆然。若以陛下爲階下座位，爲工匠所造，忽可乎！中國敬天亦是此意。若依閻當之論，必當呼天主之名，方是爲敬，甚悖於中國敬天之意。像爾衆西洋人修道，起意原爲以靈魂歸依天主，所以苦持終身，爲靈魂永遠之事。中國供神主，乃是人子思念父母養育，譬如幼雛物類，其母若殞，亦必呼號數日者，思其親也。況人爲萬物之靈，自然誠動於中，形於外也。卽爾等修道之人，倘父母有變，亦自哀慟，如置之不問，卽不如物類矣。又何足與較量中國敬孔子乎！聖人以五常百行之大道，君臣父子之大倫，垂教萬世，使人親上死長之大道，此至聖先師之所應尊敬也。爾西洋亦有聖人，因其行事可法，所以敬重。多羅閻當等知識褊淺，何足言天，何知尊聖。前多羅來，俱是聽教下無賴妄說之小人，以致顛倒是非，壞爾等大事。今爾教主差使臣來京，請安謝恩，倘問及爾等行教之事，爾等衆人公同答應，中國行教俱遵利瑪竇規矩。皇上深知歷有年所，況爾等今來上表，請皇上安，謝皇上愛養西人之重恩，並無別事。汝若有，言汝當啓奏皇上我等不能應對。爾等不可各出己見妄自應答，又致紊亂是非。各宜凜遵。爲此特諭。

今人陳垣有一篇跋，敍述此事極爲簡要，今摘錄如次：

右教王禁約一道康熙諭西洋人一道，現陳列於故宮博物院文獻部之樂壽堂，爲中國傳教史上極有關係之史料。先是天主教入中國，對於祀先敬孔二事，即有爭論。龍華民等以爲異端，利瑪竇等以爲非異端。其後二派訟於羅馬教廷。一七〇四年教王格勒門第十一徇一派之議，立禁約七條，並派主教多羅使中國，申明此旨。大爲康熙帝所不悅，亦以不准傳教爲抵制。至是久居中國深通漢學之西洋人乃請教廷收回成命。一七一〇年復下部議，結果仍維持原案。一七一五年再派主教嘉樂使中國，重申此項禁約。嘉樂以康熙五十九年十一月抵京。此禁約即嘉樂所攜來之禁約譯本。此諭西洋人即康熙未見嘉樂前特召見在京西洋人，告以應對嘉樂之方法也。禁約末有硃批，諭西洋人亦經硃筆删改。此事西洋教史言之綦詳，而中國記載則甚缺乏。得此可見當時中西思想之不相容，而此二道公文適足爲兩道代表，

亦後世得失之林也。（下略）

明清之際西士東來，大都取道好望角，艾儒略職方外紀卷五海道篇紀述他們來到中國的東西兩條路徑，頗爲簡要，其辭曰：『儒略輩從歐邏巴各國起程，遠近不一，水陸各異。大都一年之內，皆聚於邊海波爾杜瓦爾國里西波亞都城，候西商官舶。春發入大洋，從福島之北過夏至線，在赤道北二十三度半，踰赤道而南，此處北極已沒，南極漸高。又過冬至線，在赤道南二十三度半。越大浪山，見南極高三十餘度。又逆轉冬至線，過黑人國，老楞佐島夾界中。又踰赤道至小西洋南印度臥亞城，在赤道北十六度。風有順逆，大抵亦一年之內可抵小西洋。至此則海中多島，道險窄難行矣。乃換中船，亦乘春月而行。抵則意蘭，經榜葛剌海，從蘇門答蠟與滿剌加之中，又經新加步峽，迤北過占城暹邏界。閱三年方抵中國嶺南廣州府。此從西達中國之路也。若從東而來，自以西把尼亞地中海過巴爾德峽，往亞墨利加之界有二道：或從墨瓦蠟尼加峽出太平海；或從新以西把尼亞界泊舟，從陸路出孛露海，過馬路古，呂宋等島，至大明海，以達廣州。然某輩皆從西而來，不由東道。西來之路徑九萬里也。行海晝夜無停，有山島可記者則指山島而行。

，至大洋中常萬里無山島則用羅經以審方。其審方之法全在海圖，量取圖數，卽知海船行至某處，離某處若干里，瞭如指掌，百不失一」。當蘇彝士運河未通前，中國同西洋的交通，總是取艾儒略所謂西道而行。

王雲五主編

萬有文庫

第一集一千種

中外交通小史

向達著

發行人 王雲五 上海寶山路五〇一號

印刷所 商務印書館 上海寶山路

發行所 商務印書館 上海及各埠

中華民國十九年十月初版

The Complete Library
Edited by
Y. W. WONG

COMMUNICATIONS BETWEEN CHINA AND FOREIGN LANDS WITH RESPECT TO CULTURAL DIFFUSION

BY HSIANG TA
PUBLISHED BY Y. W. WONG

THE COMMERCIAL PRESS, LTD.
Shanghai, China
1930

八二六分